Marian Petraitis

Alle Geschichte hat einen Ort

Modelle filmischen Erinnerns
am Beispiel der Filme Volker Koepps

FILM- UND MEDIENWISSENSCHAFT

Herausgegeben von Irmbert Schenk und Hans Jürgen Wulff

ISSN 1866-3397

30 *Jana Zündel*
   An den Drehschrauben filmischer Spannung
   Zeit und Raum bei Alfred Hitchcock.
   Verzögerungen und Deadlines, klaustrophobische und expansive Räume
   ISBN 978-3-8382-0940-1

31 *Seraina Winzeler*
   Filme zwischen Spur und Ereignis
   Erinnerung, Geschichte und ihre Sichtbarmachung im Found-Footage-Film
   ISBN 978-3-8382-0414-7

32 *Tobias Dietrich*
   Filme für den Eimer
   Das Experimentalkino von Klaus Telscher
   ISBN 978-3-8382-1094-0

33 *Silvana Mariani*
   O Canto do Mar: Die Ästhetisierung von Realität?
   Reflexionen über den Realismus bei Alberto Cavalcanti
   ISBN 978-3-8382-1100-8

34 *Marius Kuhn*
   Im weiten Feld der Zeit: Die filmischen Transformationen des Romans *Effi Briest*
   ISBN 978-3-8382-1141-1

35 *Noemi Daugaard*
   Grauenvolle Atmosphären: Tondesign und Farbgestaltung als affektive und subjektivierende Stilmittel in THE SILENCE OF THE LAMBS
   ISBN 978-3-8382-1190-9

36 *Selina Hangartner*
   Wild at Heart and Weird on Top: Spielformen der Ironie im Film
   ISBN 978-3-8382-1214-2

37 *Alexander Schmidt*
   Kino der Ekstase
   Formen der Selbstüberschreitung in den Filmen Andrzej Żuławskis
   ISBN 978-3-8382-0313-3

38 *Anna Weber*
   Aufruf zur Solidarität
   Die visuelle und stimmliche Präsenz von Ernst Busch und seine proletarische Imago im linken Filmschaffen der Weimarer Republik
   ISBN 978-3-8382-1121-3

39 *Marian Petraitis*
   Alle Geschichte hat einen Ort
   Modelle filmischen Erinnerns am Beispiel der Filme Volker Koepps
   ISBN 978-3-8382-1142-8

Marian Petraitis

ALLE GESCHICHTE HAT EINEN ORT

Modelle filmischen Erinnerns am Beispiel der Filme Volker Koepps

ibidem-Verlag
Stuttgart

Bibliografische Information der Deutschen Nationalbibliothek
Die Deutsche Nationalbibliothek verzeichnet diese Publikation in der Deutschen Nationalbibliografie; detaillierte bibliografische Daten sind im Internet über http://dnb.d-nb.de abrufbar.

Bibliographic information published by the Deutsche Nationalbibliothek
Die Deutsche Nationalbibliothek lists this publication in the Deutsche Nationalbibliografie; detailed bibliographic data are available in the Internet at http://dnb.d-nb.de.

∞

Gedruckt auf alterungsbeständigem, säurefreien Papier
Printed on acid-free paper

ISSN: 1866-3397

ISBN: 978-3-8382-1142-8

© *ibidem*-Verlag
Stuttgart 2018

Alle Rechte vorbehalten

Das Werk einschließlich aller seiner Teile ist urheberrechtlich geschützt. Jede Verwertung außerhalb der engen Grenzen des Urheberrechtsgesetzes ist ohne Zustimmung des Verlages unzulässig und strafbar. Dies gilt insbesondere für Vervielfältigungen, Übersetzungen, Mikroverfilmungen und elektronische Speicherformen sowie die Einspeicherung und Verarbeitung in elektronischen Systemen.

All rights reserved. No part of this publication may be reproduced, stored in or introduced into a retrieval system, or transmitted, in any form, or by any means (electronical, mechanical, photocopying, recording or otherwise) without the prior written permission of the publisher. Any person who does any unauthorized act in relation to this publication may be liable to criminal prosecution and civil claims for damages.

Printed in the EU

Inhalt

1. Einleitung ... 7

2. Kulturelles Gedächtnis und Mythos ... 15

3. Jenseits des Mythos – Plädoyer für eine Begriffserweiterung ... 23
   3.1 Medien und Erinnerung – eine problematisierende Annäherung ... 24
   3.2 Spur, Apparat, Medium – eine Begriffsfundierung ... 33

4. Was ist ein Gedächtnismedium? Eine exemplarische Analyse ... 43

5. Mediale Erinnerungszugänge und die Frage nach den Räumen .. 59
   5.1 »Jüdisches Leid bindet« – Sprache als Notwendigkeit
       für Erinnerung ... 61
   5.2 »Es gab niemanden mehr, nur Bilder« – die bezeugende
       Funktion der Photographie ... 68

6. Kultur als Narrativ, Erzählen als »In-der-Welt-Sein« ... 81

7. Die Pluralisierung der Räume und das Narrativ vom Ursprung ... 85
   7.1 (Gedächtnis-)Orte als Film-Landschaften ... 88
   7.2 »Diaspora-Narration« und die Idee vom Ursprungsort ... 101

8. Film als Heimat – *Berlin-Stettin* ... 109

9. Ein Film über das filmische Erinnern – *In Sarmatien* ... 117

Abschließende Gedanken ... 123

10. Filmographie ... 125

11. Bibliographie ... 127

1. Einleitung

In diesem Buch möchte ich mich anhand ausgesuchter Filme des deutschen Dokumentarfilmers Volker Koepp der Frage widmen, inwiefern (Dokumentar-)Filme einen Zugang zu Erinnerung ermöglichen. Mediale Zugänge zu Erinnerung sind keineswegs speziell filmwissenschaftliche Untersuchungsgegenstände, sondern spannen ein interdisziplinäres Forschungsfeld von der Soziologie, Psychologie, Kunstgeschichte, Geschichts-, Literatur- und Kulturwissenschaft bis hin zur Filmwissenschaft. Die Notwendigkeit des Erinnerns ist aber nicht nur im wissenschaftlichen Kontext gegenwärtig, sondern insbesondere in Deutschland immer wieder auch in der alltäglichen Wahrnehmung präsent.

Im Sommer 2013 lancierte das Simon-Wiesenthal-Zentrum die Kampagne *Operation: Last Chance*, eine deutschlandweite Plakataktion. Mit dem auf den Plakaten vermerkten Hinweis »Spät, aber nicht zu spät« ist die Kampagne als Versuch zu verstehen, die letzten noch nicht gefassten Täter des Naziregimes mithilfe der Bevölkerung aufzuspüren (vgl. Simon-Wiesenthal-Zentrum 2013). Warum aber ist die Aufforderung zum kollektiven Erinnern, in Deutschland vor allem an die Verbrechen im Zweiten Weltkrieg gebunden, auch heute noch so präsent?

Jan Assmann, der ein maßgebliches kulturwissenschaftliches Konzept, das »kulturelle Gedächtnis« (Assmann 2007, 12), in den 1990er Jahren vorgelegt hat, um kollektive Erinnerungsprozesse zu beschreiben, nennt einen treffenden Grund für die Virulenz des Themas:

> [H]ier liegt vielleicht das entscheidende Motiv, [es] kommt gegenwärtig etwas zu Ende, was uns viel persönlicher und existenzieller betrifft. Eine Generation von Zeitzeugen der schwersten Verbrechen und Katastrophen in den Annalen der Menschheitsgeschichte beginnt nun auszusterben. (ebd., 11)

Führt man Assmanns Gedanken weiter, so ist es nur folgerichtig, dass mit dem Tod der letzten Zeitzeugen die Frage nach Zugängen zu Erinnerung umso dringlicher wird. Hitzige Diskussionen um das Verbot für

Stolpersteine auf öffentlichem Grund in München[1] oder das »richtige« Gedenken am Denkmal für die ermordeten Juden Europas in Berlin[2] zeigen, wie aktuell die Debatte um kollektives Erinnern noch immer ist. Mit den Zeitzeugen stirbt die lebendige Erinnerung an die Verbrechen des Zweiten Weltkriegs – und der Bezug zur ersten Hälfte des 20. Jahrhunderts. Die einem Generationenwechsel immer eingeschriebene Schnittstelle zwischen Erinnern und Vergessen, der »Übergang von ›gegenwärtiger‹ zu ›reiner‹ Vergangenheit« (vgl. Assmann 2009, 14) wirft also mehr denn je die Frage auf, wie ein Zugang zu (individueller und kollektiver) Erinnerung, zu Geschichte hergestellt werden kann, wenn die direkte Kommunikation mittels Zeitzeugen abzubrechen droht.

An dieser Stelle erhält die mediale Vermittlung ihre Relevanz: »Das lebendige Gedächtnis weicht […] einem mediengestützten Gedächtnis, das sich auf materielle Träger wie Denkmäler, Gedenkstätten, Museen und Archive stützt« (ebd., 15), schreibt Aleida Assmann, und verweist damit auch auf den Film als Möglichkeit, Teil eines solchen mediengestützten Gedächtnisses zu sein. Daraus folgt zwangsläufig die Frage: Wie kann gegenwärtig ein medialer Zugang zu Erinnerung hergestellt werden, wenn der Kontakt zur Vergangenheit abzubrechen droht, und welche Form kann ein so konstruiertes, mediengestütztes Gedächtnis annehmen?

Eine Antwort möchte ich anhand von vier Filmbeispielen von Volker Koepp vorstellen. Vor allem anhand der beiden Filme *Herr Zwilling und Frau Zuckermann* (Volker Koepp, DE 1999) und *Dieses Jahr in Czernowitz* (Volker Koepp, DE 2004) möchte ich die Möglichkeiten der filmischen Erinnerungsarbeit herausarbeiten, mit *In Sarmatien* (Volker Koepp, DE 2013) und *Berlin-Stettin* (Volker Koepp, DE 2009) eine Bündelung beziehungsweise Erweiterung dieser Erinnerungsarbeit andeuten. Die Filme entwerfen, so meine These, ein Modell für ein kulturelles und damit mediengestütztes Gedächtnis, bei dem die Möglichkeiten medialer Zugänge zu Erinnerung in einer (selbst-)referenziellen Reflexion besprochen werden und dabei einen spezifisch filmischen Zugang zu Erinnerung präsentieren, der wiederum Rückschlüsse auf die Möglichkeiten einer filmischen Erinnerungsarbeit zulässt.

---

1 http://www.spiegel.de/panorama/muenchen-verbietet-stolpersteine-a-1045854.html.
2 http://www.taz.de/!5376252/.

Um Filme überhaupt als Zugang zu (kollektiven) Erinnerungen zu besprechen, also vor einer ausführlichen Filmanalyse, ist eine theoretische Fundierung unabdingbar, die sich mit den komplexen Begriffen und Diskursfeldern auseinandersetzt, die um die Schnittstelle aus Film und Erinnerung kreisen. Entsprechend ist dieses Buch ein Versuch, die erwähnten Modelle filmischen Erinnerns theoretisch fassbar zu machen und an Koepps Filmen beispielhaft darzustellen. Um die Vorstellung von der Manifestation kollektiver Erinnerungen in einem zwischen Menschen geteilten Gedächtnis fassbar zu machen, greife ich zunächst auf Jan Assmanns Konzept des kulturellen Gedächtnis (2.) zurück. Ich möchte den Übergang von Erinnerung in Gedächtnis analog zu seinem Konzept als semiotischen Akt verstehen und an dieser Stelle mit dem zeichentheoretischen Konzept des Mythos anschließen, um es in Anknüpfung an Roland Barthes genauer zu explizieren.

Anschließend wird in einer ersten Annäherung an die Filmbeispiele aufgezeigt, dass eine Begriffserweiterung über den Mythos hinaus nötig ist, um die im Film vorgestellten Zugänge zu Erinnerung fassen zu können (3.) und vor allem den Begriff Medium in den Fokus rücken. Diesen gilt es in der Verbindung zum Begriff Erinnerung zu problematisieren (3.1) und zu verdeutlichen, dass Medialität eine zentrale Rolle für das Verstehen der Erinnerungsprozesse einnimmt, gleichermaßen aber auch verschiedene Definitionen von Medien zu hinterfragen sind. Um den problematischen Begriff Medium besser fassen zu können, sollen Sybille Krämers Begriffe von Spur und Apparat an die Diskussion um Medien anschließen (3.2).

Am Ende dieser Auseinandersetzung geht es weniger um eine exakte Definition von Medien. Stattdessen möchte ich das bis zu diesem Zeitpunkt vorgestellte Begriffsinventar von Mythos, Spur und Apparat nutzen, um an einer exemplarischen Sequenzanalyse (4.) zu klären, was über Gedächtnismedien in Bezug auf Erinnerung ausgesagt werden kann. Dabei sollen auch die beiden in der These enthaltenen Setzungen vom Film als Modell für kulturelles Gedächtnis sowie der Film als Ort der (selbst-)referenziellen Reflexion von medialen Erinnerungszugängen nachvollziehbar gemacht werden.

Nach der Klärung des Begriffsinventars widme ich mich den medialen Erinnerungszugängen. Dabei sollen diejenigen Zugänge im Fokus stehen, die einen Rückschluss auf die Möglichkeiten der filmischen

Erinnerungsarbeit zulassen. Hier möchte ich bereits andeuten, dass diese Möglichkeiten eng mit Überlegungen zu Räumen verbunden sind (5.). Anschließend stelle ich die Sprache als elementaren medialen Zugang für Erinnerung und seine Thematisierung in den angesprochenen Filmen vor (5.1), die zuletzt auch auf die Aussagekraft des Films zurückweist und eine identitätsstiftende Wirkung entfaltet, die Koepps Filme mit dem Motiv der Heimat aufgreifen. Es folgt eine vor allem über die Spur zu fassende Untersuchung von Photographie (5.2) und deren Möglichkeit, eine bezeugende Funktion einzunehmen, um Erinnerungen über mediale Zugänge aufrechterhalten zu können. In dieser Feststellung soll der bereits angesprochene Übergang von Erinnern und Vergessen, lebendigem und mediengestütztem Gedächtnis erneut thematisiert werden, wobei gerade auch die durch mediale Zugänge präfigurierte Erinnerung aufgegriffen wird. Die Untersuchung der Photographie weist dabei noch einmal stärker auf die filmischen Möglichkeiten der Erinnerungsarbeit zurück.

Im Anschluss an eine Untersuchung, die vor allem die Mechanismen der medialen Erzeugung von Erinnerung thematisiert, möchte ich einen zweiten theoretischen Zugang wählen, um aufzuzeigen, wie die Involvierung des Medialen in Erinnerung in Koepps Filmen reflektiert wird (6.). Der Fokus liegt dabei nicht mehr auf der Frage, wie mediale Zugänge Erinnerung hervorbringen, sondern wie Kulturen anhand der vorhandenen Mittel erzählen und inwiefern dieses Erzählen identitätsstiftenden Charakter hat und Halt in Raum und Zeit geben kann.

Dieser Erläuterung möchte ich ein Plädoyer für die Pluralisierung der Räume (7.) folgen lassen: Eine Analyse des Erzählens über Erinnerung und Geschichte macht die Betonung von metaphorischen und konkreten Raumkonstruktionen notwendig. Mit Erinnerung braucht auch Geschichte, um auf den Titel des Buches zurückzugreifen, einen Ort. Wie wichtig die Rolle von (Gedächtnis-)orten ist, möchte ich exemplarisch an den (Film-)Landschaften deutlich machen (7.1), die einmal mehr die Schwelle zwischen Erinnern und Vergessen in den Fokus rücken, diesmal aber die Frage nach der Möglichkeit des Sich-Befindens im Raum dringlich machen und den Film als Raumkonstrukt thematisieren. Schließlich möchte ich zeigen, dass die mit dem Film erzählten Erinnerungsprozesse über die »Narration der Diaspora« (Braun 2009, 86) als ein Modell für kulturelles Erinnern aufgegriffen werden können (7.2). Dieses Modell ist mit der Idee eines Ursprungsortes verbunden, als Versuch der narrativen

Ordnung von Raum und Zeit, die in der Erzählform von *Dieses Jahr in Czernowitz* gespiegelt wird und noch einmal eine neue Antwort auf die Frage nach Identität und Heimat anbietet.

Mit *Berlin-Stettin* (Volker Koepp, DE 2009) möchte ich über die bis dahin herausgestellten Möglichkeiten der filmischen Erinnerungsarbeit hinausweisen und andeuten, dass die Frage nach Heimat noch einmal gewendet werden kann, da der Film eine persönliche, mit Volker Koepp verbundene Antwort anbietet (8.).

Den Abschluss bildet eine kurze Auseinandersetzung mit *In Sarmatien* (DE 2013), ein Film, der als Konzentrat von Koepps filmischer Erinnerungsarbeit fungiert, indem er zahlreiche seiner Projekte zusammen- und in einem gemeinsamen Film weiterführt. Gleichzeitig sucht er eine intensive Auseinandersetzung mit filmischen Bildern, die diese Erinnerungsarbeit visuell zu übersetzen vermögen. In dieser Reflexion, so möchte ich zum Ende deutlich machen, wird der Kern von Koepps Erinnerungsarbeit noch einmal sichtbar.

Die Filme Volker Koepps

Der Name Volker Koepp ist eng mit der filmischen Erinnerungsarbeit Ostdeutschlands und Osteuropas verbunden. Für seinen Film *Herr Zwilling und Frau Zuckermann* besuchte Koepp das ukrainische Czernowitz, das aufgrund seiner vielschichtigen Vergangenheit als früher multikultureller Entwurf eines ›modernen‹ Europas gilt. Um Czernowitz entstand der Mythos einer »multinationale[n], multikulturelle[n], multikonfessionelle[n] österreichische[n] Stadt, deren Bewohner sich friedlich nebeneinander eingerichtet hatten, tolerant den anderen ethnischen und konfessionellen Gruppen gegenüber« (Pollack 2008, 10), der mit den Massenmorden, Vertreibungen und Deportationen im Zweiten Weltkrieg (endgültig) relativiert und zerstört wurde.[3] Koepp sucht unter anderem zwei der letzten

---

3   Im Laufe des 19. Jahrhunderts entscheidend durch die Angliederung an das österreichisch-habsburgische Reich geprägt, beherbergte die Stadt Czernowitz bis zum Ausbruch des Zweiten Weltkriegs verschiedenste Nationalitäten, darunter Deutsche, Polen, Rumänen und Ukrainer. Die (hoch-)kulturelle Prägung der Stadt ging dabei besonders von der jüdischen Bevölkerung aus und brachte der Stadt Bezeichnungen wie »Babylon Mitteleuropas [oder] Stadt der Sprachen und der Bücher« (ebd., 1) ein. Dieser jüdische Einfluss war gleichzeitig entscheidend durch die Nähe zur deutschen Sprache geprägt, zu der sich die Juden bekannten und

jüdischen Bewohner der Stadt Czernowitz auf, die titelgebenden Frau Zuckermann und Herrn Zwilling, die beide den ›mythischen Ort‹ Czernowitz ebenso erlebt haben wie die Vernichtung der Juden im Zweiten Weltkrieg.

Mit *Dieses Jahr in Czernowitz* kehrt Koepp erneut zurück, thematisiert aber diesmal vor allem die generationalen Verbindungen zu Czernowitz. So ›spürt‹ der Film ehemalige Bewohner der Stadt auf und besucht Familienangehörige, deren Eltern in Czernowitz und Umgebung gelebt haben. Der Film verwebt die Erinnerungen an und die Vorstellung von Czernowitz und führt Zeitzeugen wie Angehörige an ihren ehemaligen ›Heimatort‹ (oder den der Eltern und Großeltern) zurück. Bei der Auseinandersetzung mit Czernowitz und den ihm verbundenen Menschen entsteht so ein komplexer Zugang zur Vergangenheit und zu den Möglichkeiten von (filmischer) Erinnerung.

In *Berlin-Stettin* rückt Koepps individuelle Erinnerung in den Fokus. Während einer Reise von seinem Wohnort Berlin zu seinem Geburtsort Stettin trifft er Personen wieder, die an seinen vorangegangenen Filmprojekten mitgewirkt haben, lässt diese sich an die gemeinsame Zeit erinnern und erinnert dabei auch seinen eigenen Werdegang. So verbinden sich nicht nur Erinnerungen an die eigene Kindheit mit solchen an die filmische Arbeit: Die Filme Koepps werden Ausgangspunkt für das Erinnern aller Beteiligten und zeigen ein besonderes Verhältnis von Koepps Erinnerungen zu seinen filmischen Bildern auf.

In Sarmatien widmet sich dem Gebiet zwischen Weichsel und Wolga, Ostsee und Schwarzem Meer, das von Römern und Griechen als Sarmatien bezeichnet wurde und heute entlang der Grenzen von Weißrussland, Litauen, Polen, Rumänien, der Republik Moldau und der Ukraine verläuft. Koepp begegnet auf seiner Reise einigen bisher unbekannten Menschen, aber auch Bekannten aus vorangegangenen Projekten, sucht Orte wie Kaliningrad und auch Czernowitz erneut auf, um sich und die Protagonisten mit den Veränderungen zu konfrontieren, gleichzeitig aber auch

---

deren wichtigste Träger sie wurden (vgl. ebd., 9). 1940 fielen russische Truppen in Czernowitz ein, ein Jahr später wurde es durch die rumänische Armee und deutsche SS-Einheiten eingenommen, 1944 wieder zum Teil der Sowjetunion. Im Zuge des Zweiten Weltkrieges mit Vertreibungen, Massenmorden und Deportationen starben geschätzt 100 000 der zuvor 150 000 in und um Czernowitz lebenden Juden (vgl. ebd., 17).

an die gemeinsam verbrachte Zeit zu erinnern. Er reflektiert gleichzeitig seine bisherigen Arbeiten, die in Sarmatien entstanden sind, im Rahmen eines ganz persönlichen Erinnerns.

Koepps Filme, das hat die kurze Einführung bereits angedeutet, handeln vom menschlichen Erinnern, das auf verschiedenste Weisen mit Orten verbunden scheint. Noch vor die Prüfung der aufgeworfenen These aber schaltet sich die grundsätzliche Frage nach der Formulierbarkeit von Erinnerungen. Was macht der Film, um an die Erinnerungen zu gelangen; oder, präziser gefragt, *durch was* ist überhaupt Zugriff möglich? Diese grundlegende Frage eröffnet zwangsläufig ein großes Begriffsspektrum und macht vor allem Assmanns Konzept des kulturellen Gedächtnisses und mit den dort beschriebenen Sinnstiftungen zwei semiologische Konzepte unumgänglich: das Zeichen (und mit dem Zeichen den Mythos als Zeichen zweiter Ordnung) und das Medium. Direkt an diesen beiden semiologischen Grundbegriffen nicht nur der Film-, sondern der Geisteswissenschaften überhaupt, öffnen sich unweigerlich weitere Begriffsfelder, etwa das Konzept der Spur als Schnittstelle und Vexierbild von Zeichen und Medium. Im Folgenden möchte ich diese Begriffe einführen und miteinander vernetzten, voneinander abgrenzen, Überschneidungen aufzeigen und deutlich machen, dass mit ihnen Argumentationen auf unterschiedlichen Ebenen möglich werden. So ergibt sich eine komplexe und diffizile Theoretisierung, an deren Ende die Beschreibbarkeit von medialen Zugängen zu Erinnerung stehen soll. Zunächst möchte ich jedoch die Idee von kollektiven Erinnerungen und deren Speicherung in einem gemeinsamen Gedächtnis über Jan Assmanns Konzept des kulturellen Gedächtnisses schärfen.

2. Kulturelles Gedächtnis und Mythos

Der Begriff kulturelles Gedächtnis geht auf Jan Assmann zurück und hat als wegweisendes Konzept kulturwissenschaftlicher Gedächtnisforschung inzwischen transdisziplinäre Verwendung gefunden und ein Forschungsfeld eröffnet, in das von Geschichts- und Religionswissenschaft über die Kunstgeschichte bis zur Literaturwissenschaft und Soziologie mehrere Disziplinen involviert sind (vgl. Erll 2005, 27).

Jan Assmann führt den Begriff in seinem Buch *Das kulturelle Gedächtnis* ein:

> Der Begriff des »kulturellen Gedächtnisses« bezieht sich auf eine der Außendimensionen des menschlichen Gedächtnisses. Das Gedächtnis denkt man sich zunächst als ein reines Innenphänomen, lokalisiert im Gehirn des Individuums [...]. Was dieses Gedächtnis aber inhaltlich aufnimmt, wie es diese Inhalte organisiert, wie es was zu behalten vermag, ist weitestgehend eine Frage nicht innerer Kapazität und Steuerung, sondern äußerer, d.h. gesellschaftlicher und kultureller Rahmenbedingungen. (Assmann 2007, 19f.)

Assmann versteht Gedächtnis nicht als zwingend innerlich und individuell, sondern interessiert sich vor allem für die gesellschaftlich-kulturelle Prägung. Diese Vorstellung ist eng verbunden mit dem Soziologen Maurice Halbwachs, der in seinem erstmals 1925 veröffentlichten Buch *Das Gedächtnis und seine sozialen Bezugsrahmen* ein Gedächtniskonzept entwickelt, das die soziale Bedingtheit von Erinnerung im Rahmen eines kollektiven Gedächtnisses nachzuweisen versucht. Gedächtnis ist hier ein vornehmlich kollektives Phänomen, bei dem selbst die persönlichste Erinnerung von einem kollektiven Gedächtnis her zu denken ist, und mündet in der These, dass jegliche (auch individuelle) Erinnerung stets in Zusammenhang mit sozialen Bezugsrahmen steht (vgl. Erll 2005, 14).

Unter diesen »sozialen Bezugsrahmen« (Halbwachs 1991, 15) versteht Halbwachs zum einen wortwörtlich die Menschen als Teil einer das Individuum umgebenden Gesellschaft. Weitergehend aber verwendet er den Begriff im metaphorischen Sinne: Soziale Bezugsrahmen sind Denkschemata, bestehend aus materialen, mentalen und sozialen Dimensionen, die aus der sozialen Interaktion und Kommunikation erwachsen und die Wahrnehmung des Einzelnen sowie seine Erinnerung lenken, die Inhalte eines kollektiven Gedächtnisses *perspektivieren* und *vermitteln*.

Das kollektive Gedächtnis, so Halbwachs, wird jedoch erst im individuellen Erinnerungsakt sichtbar: »jedes individuelle Gedächtnis ist ein ›Ausblickspunkt‹ auf das kollektive Gedächtnis« (Halbwachs 1991, 31). Der Ausblickspunkt ist als metaphorischer wie wortwörtlicher Standort zu verstehen, der sich aus der Zugehörigkeit zu sozialen Gruppen herausbildet. Die mit der Gruppe verbundenen sozialen Bezugsrahmen, sowohl wortwörtlich geographische, als auch metaphorische in Form von Erfahrungen oder Denksystemen, definieren den Ausblickspunkt des individuellen Gedächtnisses, von dem aus jeder Mensch erinnert. Individuelles Erinnern resultiert somit aus der Kombination von Gruppenzugehörigkeiten und den daraus hervorgehenden Erinnerungsformen und -inhalten. Nicht die Erinnerung selbst sei demnach individuell, sondern das Zusammenwirken der einzelnen Rahmen und der ihnen implizierten Denksysteme und Erfahrungen im Moment des Erinnerns (vgl. Erll 2005, 16).

Jan Assmann schließt an diese Idee eines gesellschaftlich-kulturell geprägten Gedächtnisses an, ohne dabei die radikale These vom kollektiven Charakter jeglichen Erinnerns zu teilen. Er greift jedoch Halbwachs' Ideen auf. Erinnern ist bei Assmann verstanden als ein kommunikativer Akt, der einen direkten Bezug mit der Vergangenheit herstellt. Dieser Bezug geschieht von einem gegenwärtigen Ausblickspunkt und rekonstruiert mittels Erinnerung die Vergangenheit. Mithilfe der Begriffe »Erinnerungskultur« und »Vergangenheitsbezug« (Assmann 2007, 30) stellt Assmann die Fragen nach Erinnerungsprozessen im Rahmen eines kollektiven Gedächtnisses jedoch neu. Er fragt nicht mehr nach den sozialen Bezugsrahmen, sondern *wie* sich Gesellschaften erinnern und wie sie sich imaginieren, *indem* sie sich erinnern. Der Frage nähert er sich über die Begriffe »Erinnerung«, »Identität« und »kulturelle Kontinuierung« (ebd., 16). So entwerfe jede Kultur eine »*konnektive Struktur*« (ebd.), die eine zeitliche und eine soziale Dimension besitze. Diese konnektive Struktur verbinde die Menschen innerhalb der sozialen Dimension über eine »symbolische Sinnwelt« (ebd.). Im Rahmen der zeitlichen Dimension verbindet sie Vergangenheit und Gegenwart, indem sie Erinnerungen an die Vergangenheit formt, die in der Gegenwart mittels Wiederholung wieder präsent werden. Der Begriff der symbolischen Sinnwelt verweist dabei auf die notwendigen sinnstiftenden Prozesse, die für die Bildung eines kulturellen Gedächtnisses wichtig sind, und schließt die Erinnerungsfigur als Möglichkeit an, durch sinnstiftende Prozesse eine Beziehung zwischen dem Mensch und der ihn umgebenden Dingwelt herzustellen.

Die besagte Erinnerungsfigur entwickelt Assmann erneut entlang von Halbwachs, der die sinnstiftenden Prozesse als Voraussetzung für kollektives Gedächtnis bereits mitdenkt: »Eine Wahrheit muß sich, um sich in der Erinnerung der Gruppe festsetzen zu können, in der konkreten Form eines Ereignisses, einer Person, eines Ortes darstellen« (Halbwachs 1991, 157). Die angesprochene Darstellung vollzieht sich für Halbwachs durch die Interaktion und Kommunikation des Menschen mit seiner Umwelt, die in eine Überführung von Wahrgenommenem in das menschliche Gedächtnis mündet:

> Jede Persönlichkeit und jedes historische Faktum wird schon bei seinem Eintritt in dieses Gedächtnis in eine Lehre, einen Begriff, ein Symbol transportiert; es erhält Sinn, es wird zu einem Element des Ideensystems der Gesellschaft. (Halbwachs 1985, 389f.)

Der Gedanke von Halbwachs verweist auf eine semiologische Denktradition, die Assmann aufgreift: »Erinnerung ist ein Akt der Semiotisierung« (Assmann 2007, 77).

Aus den Überlegungen von Halbwachs entwickelt Assmann die »Erinnerungsfiguren« (ebd., 38), denen er drei zentrale Merkmale zuschreibt: einen konkreten Bezug zu Zeit und Raum sowie eine Partizipation an Identitätsbildung. Zeithaltig sind sie, weil sie auf vergangene Ereignisse verweisen und in der stetigen Wiederholung des Erinnerungsprozesses zwischen dem Moment des Erinnerns als Gegenwart und dem Erinnerten als Bezug auf die Vergangenheit pendeln. Darüber hinaus gewährleisten sie die kulturelle Kontinuität und ermöglichen damit die Zukunft der Kultur. Räumlich sind sie, da sie an die den Menschen umgebende Dingwelt und damit an den belebten Raum gebunden sind. Identitätsstiftend sind sie, da sie sich auf eine wirkliche und lebendige Gruppe beziehen und zu deren Identitätskonstitution beitragen.

Mit den Erinnerungsfiguren gelingt demnach der Übergang von wahrgenommener Dingwelt in Gedächtnis durch Sinnstiftung als semiotischem Akt. Auf diese Weise werden Vergangenheitsbezüge durch

Erinnerung ermöglicht. Die über Erinnerungen entworfene Geschichte als Inhalt des Gedächtnisses behauptet jedoch keinesfalls eine Faktizität im Sinne einer objektiven Wiedergabe, sondern ist immer schon eine subjektive Rekonstruktion. Assmann plädiert vielmehr für eine sozial-konstruktivistische Vergangenheitsdefinition:

> sie [die Vergangenheit – Einfügung M. P.] ist eine soziale Konstruktion, deren Beschaffenheit sich aus den Sinnbedürfnissen und Bezugsrahmen der jeweiligen Gegenwarten her ergibt. Vergangenheit steht nicht naturwüchsig an, sie ist eine kulturelle Schöpfung. (Assmann 2007, 48)

In diesem Zusammenhang konturiert Assmann das kulturelle Gedächtnis in Abgrenzung zu einem individuell-biographischen, bei Assmann kommunikativ genannten Gedächtnis. Demnach umfasst die biographische Erinnerung als Teil des kommunikativen Gedächtnisses die individuellen Erfahrungen und bezieht sich auf eine rezente Vergangenheit, die der Mensch mit seinen Zeitgenossen teilt und die Assmann auf einen begrenzten Zeithorizont von etwa 80 Jahren taxiert (vgl. ebd., 50). Das kommunikative Gedächtnis fuße dabei auf direkter sozialer Interaktion, also vor allem den sprachlichen Austausch (vgl. ebd., 52), und sei an die Erinnerungen des lebendigen Trägers gebunden, der sie verkörpere und die Erinnerung persönlich verbürge.

Das kulturelle Gedächtnis hingegen sei vor allem durch »fundierende Erinnerung« (ebd.) geprägt. Die fundierende Erinnerung weist über den gelebten Zeithorizont hinaus auf die Ursprünge der Identität und ist im kulturellen Gedächtnis im Sinne einer absoluten Vergangenheit gespeichert. Diese absolute Vergangenheit ist zunächst subjektive Vergangenheitsrekonstruktion. Sobald sie aber Einzug in das kulturelle Gedächtnis erhält, wird sie absolut, gerinnt an festen Objektivationen sprachlicher und nichtsprachlicher Art und wird mit einer symbolischen Kodierung versehen, die anschließend zur Identitätsbildung und zu kultureller Kontinuität beiträgt. Die absolute Vergangenheit ist dabei nicht objektiv, sondern von der sozialen Gruppe objektiviert und festigt sich am Mythos als ein Zeichensystem, das Assmann mit Geschichte gleichsetzt:

> Auch Mythen sind Erinnerungsfiguren: Der Unterschied zwischen Mythos und Geschichte wird hier hinfällig. Für das kulturelle Gedächtnis zählt nicht faktische, sondern nur erinnerte Geschichte. Man könnte sagen, daß im kulturellen Gedächtnis faktische Geschichte in erinnerte und

damit in Mythos transformiert wird. Mythos ist eine fundierende Geschichte, eine Geschichte, die erzählt wird, um eine Gegenwart vom Ursprung her zu erhellen. […] Durch Erinnerung wird Geschichte zum Mythos. (Assmann 2007, 52)

Assmann verwendet den Begriff des Mythos an dieser Stelle vor allem hinsichtlich einer diachronen Perspektive, als die durch Erinnerung im Akt der Semiotisierung erzeugte Erinnerungsfigur, die zu Geschichte wird, wenn sie als Mythos die kulturelle Kontinuität und Identitätsbildung garantiert.

Der Mythos als zweites semiologisches System

Mit Roland Barthes lässt sich an Assmanns Mythosbegriff in einer synchronen Betrachtung anschließen. Barthes baut sein Mythoskonzept wie auch Assmann auf der semiologischen Tradition auf, die vor allem auf Ferdinand de Saussure zurückgeht. Er widmet sich der Zusammensetzung des Zeichens und unterscheidet es auf drei Ebenen: »Bedeutendes« als die konkret wahrnehmbare Form und Ausdrucksseite, »Bedeutetes« als Inhalt und Vorstellung sowie »Zeichen« als die Verbindung beider Komponenten, aus der Sinn entsteht (Barthes 1964, 90). Wenn Bedeutendes und Bedeutetes zusammenfallen, spricht Barthes vom Sinn, den Assmann als den Übergang von Wahrgenommenem in Gedächtnis beschreibt.

Als Beispiel, um die Verbindung zu Assmann zu verdeutlichen, kann die Sprache fungieren. Teilt man diese als semiologisches System auf die genannten drei Komponenten auf, so ist der Begriff das Bedeutete, das Bedeutende ist das akustische Bild, die Beziehung von Bild und Begriff ist das Zeichen, in diesem Fall das Wort (vgl. ebd., 91). Assmann spricht im Zusammenhang mit der Erinnerungsfigur ebenfalls von der »unauflöslichen Verschmelzung von Begriff und Bild« (Assmann 2007, 38). Wenn Barthes wiederum das Zeichen erster Ordnung charakterisiert, spricht er Themenkomplexe an, um die es auch bei Assmann ganz explizit geht.

Barthes' Ausführungen über den Sinn explizieren die Verbindung nochmals: »Der Sinn *ist bereits* vollständig, er postuliert Wissen, eine Vergangenheit, ein Gedächtnis, eine vergleichende Ordnung der Fakten, Ideen und Entscheidungen« (Barthes 1964, 97). Die hier beschriebene

Rolle von Sinn lässt sich auf die Merkmale der Erinnerungsfigur bei Assmann beziehen: Diese haben Bezug zu Zeit und Raum, zu einer Gruppe und besitzen rekonstruktiven Charakter.

Den Mythos versteht Barthes nun auf einer zweiten semiologischen Ebene, die sich erneut auf die drei Komponenten Bedeutendes, Bedeutetes und Zeichen aufteilen lässt. Das Zeichen erster Ordnung wird dabei zum Bedeutenden der zweiten Ordnung, von Barthes Form genannt. Das Bedeutete zweiter Ordnung nennt er analog zum Sprachbeispiel Begriff. Da das Zeichen zweiter Ordnung bereits in der Form einen Sinn besitzt, nennt er den dritten Terminus des mythischen Systems Bedeutung. Die Form des Mythos beinhaltet bereits einen Sinn aus dem ersten semiologischen System. Bei der Formung des Zeichens zweiter Ordnung wird der Sinn nun verändert. Weil der Sinn nun zur Form des Mythos und dabei geleert wird, kann über den Mythos eine neue Bedeutung gesetzt werden (vgl. Barthes 1964, 97). Zwar wird er dadurch keinesfalls aufgehoben, denn der Sinn ist ja in der Form impliziert und mitgedacht. Dennoch funktioniert das Zeichen zweiter Ordnung auch ohne den Sinn der ersten Ordnung. Die Bedeutung erwächst letztlich aus der Leerung des Sinns und der Neubesetzung auf der Begriffsseite. Das nachfolgende Schema illustriert Barthes' Konzept:

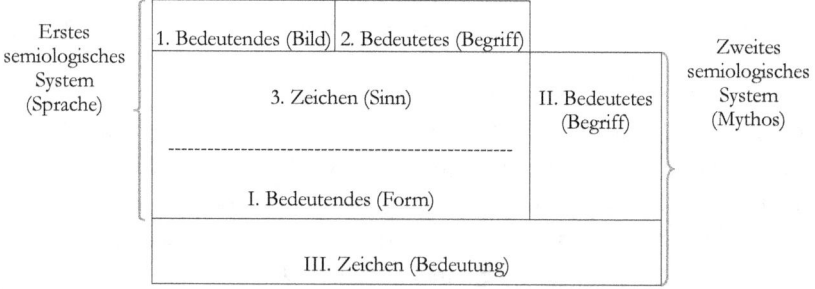

In der Unterscheidung zwischen dem Zeichen erster und zweiter Ordnung beschreibt Barthes einen Prozess, der an den Mythos von Assmann anschlussfähig ist. Für Assmann geht eine Erinnerungsfigur in ein kulturelles Gedächtnis über, wenn sie nicht mehr nur auf einen Zweck, sondern auf einen Sinn verweist und einen impliziten Zeit- und Identitätsindex explizit macht (vgl. Assmann 2007, 21). Dieser Übergang von Zweck zu Sinn lässt sich mit Barthes' Mythoskonzept als Übergang von einem

Zeichen erster zu einem Zeichen zweiter Ordnung verstehen. Der Sinn nach Assmann ist demnach das, was Barthes Bedeutung nennt, das Zeichen zweiter Ordnung. Indem ein Ding nicht mehr nur ein Gegenstand mit einer verbundenen Vorstellung von Zweck ist, sondern auf Begriffsseite geleert und neu besetzt wird, entsteht Bedeutung. Wenn Assmann also angibt, dass sich das kulturelle Gedächtnis an Objektivationen heftet, diese für den Eintritt in das kulturelle Gedächtnis aber einen Sinn benötigen, dann liegt die direkte Verbindung von Assmann zu Barthes offen: Der Übergang von Inhalten in das kulturelle Gedächtnis kann auf synchroner Betrachtungsebene mit dem Mythos als zweites semiologisches System differenziert werden. Das zuvor mit einer einfachen Zweckbedeutung versehene Ding kann demnach in einem zweiten semiologischen System neue Bedeutung erhalten, der Mythos die Geschichte gemäß einer absoluten Vergangenheit in sich tragen.

3. Jenseits des Mythos – Plädoyer für eine Begriffserweiterung

Das Konzept des kulturellen Gedächtnisses macht einige Begriffe für die weitere Verwendung nutzbar, darunter vor allem Mythos, Geschichte und Erinnerung, die im Übergang von wahrgenommener Dingwelt in das Gedächtnis als auch in der Abgrenzung von kommunikativen zu kulturellen Gedächtnis im semiotischen Akt der Versinnlichung relevant werden. Diese Versinnlichung als Erzeugung des Mythos, der auf feste Objektivationen angewiesen ist, macht eine Auseinandersetzung mit dem Begriff Medium unverzichtbar. Eine Auseinandersetzung mit Zeichen als Voraussetzung für Erinnerungen im Rahmen eines kulturellen Gedächtnisses, der Übergang von wahrgenommener Dingwelt in das Gedächtnis, drängt in eine Untersuchung der Rolle von Medien als an das Zeichen angeschlossener Themenkomplex.

Um die Dringlichkeit einer Begriffsdifferenzierung zu verdeutlichen, möchte ich die in der Einleitung aufgeworfene Frage erneut anbringen: Wie stellen die Filme Koepps Zugang zu Erinnerung her? Zur Beantwortung dieser Frage liefert der Beginn von *Herr Zwilling und Frau Zuckermann* eine Vielzahl an untersuchbaren Beispielen: Bereits früh erinnern sich die titelgebenden Protagonisten Frau Zuckermann und Herr Zwilling an Vergangenes anhand eines Artikels aus der jüdischen Zeitung *Die Stimme*. Nur wenig später ist Herr Zwilling im jüdischen Haus der Stadt zu sehen. Dort erinnert er sich anhand der abgesägten Davidsterne im Treppengeländer. Wenig später entwirft Herr Zwilling seine Erinnerung bei der Begehung des jüdischen Friedhofs von Czernowitz, dem eine Landschaftsaufnahme der Stadt vorausgeht. Auf all diese Beispiele möchte ich im Rahmen der späteren Analyse noch im Detail zurückkommen, ihre erste Erwähnung an dieser Stelle macht aber bereits die Vielzahl der Erinnerungszugänge deutlich: von der Landschaft über die Zeitung zu den Lücken im Treppengeländer eines ruinösen Gebäudes bis zum jüdischen Friedhof. So wird erkennbar, dass der Film versucht, sich über ein großes und breit gefächertes Spektrum den Erinnerungen der Stadtbewohner zu nähern.

Wie aber lassen sich diese so unterschiedlich beschaffenen Zugänge beschreiben, theoretisieren und in ihrer Funktion erhellen? Handelt es sich bei den Zugängen, die an Objektivationen und vor allem an Orte gebunden sind, um Mythen als Zeichen zweiter Ordnung, gehen sie umfassend in dem Begriff auf? Auf den ersten Blick erscheint etwa die Zeitung vielmehr als ein Medium denn ein Mythos. So unterschiedlich und zahlreich die Zugänge sind, so drängend schließt sich an Assmanns Konzept die Frage an, wie sich dem Film mit und abseits des Mythos angenähert werden soll.

3.1 Medien und Erinnerung – eine problematisierende Annäherung

Ein zentraler Begriff, mit dem ich eine Annäherung an die genannten Beispiele über den Mythos hinaus vollziehen möchte, ist das Medium. In der kulturwissenschaftlichen Debatte um Erinnerung und Gedächtnis lässt sich immer wieder eine Betonung der essentiellen Bedeutung von Medialität für Erinnerungsprozesse feststellen. Jan Assmann nutzt den Mythos als Scharnier zwischen Erinnerung, Wahrnehmung und kulturellem Gedächtnis, spricht aber auch das Medium an, das eine wichtige Rolle spiele. Ohne Medien hält er keine Fixierung oder Weitergabe von Erinnerung für möglich: »Was heute noch lebendige Erinnerung ist, wird morgen nur noch über Medien vermittelt sein« (Assmann 2007, 51). Als Medien versteht er dabei die festen Objektivationen sowie traditionelle Kodierung und Inszenierung in Wort, Bild und Tanz (vgl. ebd., 56).

Aleida Assmann stellt ihrem Buch *Erinnerungsräume. Formen und Wandlungen des kulturellen Gedächtnisses* eine ähnliche Bedeutung des Mediums voran, wenn sie den Übergang von Erinnerungen lebendiger Zeitzeugen in neue Materialisierungen anspricht: »Das lebendige Gedächtnis weicht [...] einem mediengestützten Gedächtnis, das sich auf materielle Träger wie Denkmäler, Gedenkstätten, Museen und Archive stützt« (Assmann 2009, 15). Der Medienbegriff, so deuten es Jan und Aleida Assmanns Ausführungen an, scheint gerade in Zusammenhang mit dem Mythos und der Versinnlichung bei der Tradierung von kollektiven Erinnerungen in das kulturelle Gedächtnis, aber auch in Bezug auf die Abgrenzung von kommunikativem und kulturellem Gedächtnis eine wichtige Rolle zu spielen (vgl. Erll 2004, 8f.).

Darüber hinaus lassen sich auch andere große Namen der Debatte um kollektive Erinnerungsprozesse mit der essentiellen Bedeutung des Mediums zusammenbringen: Maurice Halbwachs etwa knüpft jede individuelle Erinnerung an die sozialen Bezugsrahmen, positioniert diese als einen »Ausblickspunkt auf das kollektive Gedächtnis« (Erll 2004, 31). Für Astrid Erll übernehmen gerade diese sozialen Bezugsrahmen gedächtnismediale Funktionen (vgl. Erll 2005, 7). Ein weiteres Beispiel sind Pierre Noras Gedächtnisorte (lieux de memoire), die zwar ohne einen Medienbegriff auskommen, von Patrick Schmidt aber »auf einer Skala zwischen den Polen ›Medium‹ und ›Topos‹« (Schmidt 204, 36) verortet werden. Nicht zuletzt der Kunsthistoriker Aby Warburg – neben Halbwachs die wohl bedeutsamste Stimme der kollektiven Gedächtnisdebatte – stellt seinen Überlegungen zum Gedächtnis eine Analyse der materialen Dimension von Kultur, der kulturellen Objektivationen und im Besonderen der Kunstwerke voraus; eine Kategorie, die eine Verbindung zum Begriff Medium ebenfalls nahelegt (vgl. ebd., 20f.).

Auch in jüngeren Theoriebeiträgen scheint das Medium unumgänglich. Gerald Eichterhoff etwa betont die Bedeutung von Medien für Teile des menschlichen Gedächtnisses sowie deren mögliche Auslagerung in die externen Trägermedien:

> Die Verfügbarkeit semantischer Gedächtnisbestände – v.a. von institutionell oder kulturell basiertem Wissen – hängt [...] in vielen Fällen konstitutiv von der vorangegangenen externen Aufzeichnung und Speicherung ab. Individuen könnten semantisches Gedächtnis in weiten Bereichen erst gar nicht erwerben, wenn die entsprechenden Informationen nicht durch externe Enkodierung und Speicherung, beispielsweise durch Bücher, Fotos, Archive oder Museen verfügbar wären. (Echterhoff 2004, 74)

Astrid Erll geht über die Bedeutung der Medien für Speicherungs- und Auslagerungsprozesse hinaus und nennt die Bedeutung der Gedächtnismedien noch umfassender als Schlüssel zu Erinnerungen, hält sie für die unverzichtbare Komponente jeglicher Erinnerungsfähigkeit und Vergangenheitsbezuges:

> Die Konstitution und Zirkulation von Wissen und Versionen einer gemeinsamen Vergangenheit in sozialen und kulturellen Kontexten werden erst durch Medien ermöglicht [...]. Auf kollektiver Ebene ist Gedächtnis stets medial vermittelt bzw. [...] wird es oftmals erst medial konstruiert.

[…] Was bleibt aber, wenn kollektive Erinnerungsakte keinen Zugang zu einer »objektiv gegebenen« Vergangenheit gewähren? Vielleicht sind es die Medien, die uns als einziges materiales Zeichen, als Anhaltspunkt dafür dienen, dass eine vergangene Wirklichkeit existiert hat, und die uns – in zeitlich umgekehrter Richtung prospektiv – erlauben, unser Wissen auszulagern, räumlich weit entfernten Gruppen und späteren Generationen zugänglich zu machen? (Erll 2004, 4)

Medien, so Erlls Argumentation weiter, nehmen nicht nur eine wichtige Rolle im Erinnerungsprozess ein, sondern sind dessen unwiderrufliche Grundvoraussetzung als Vermittlungsinstanz, die Erinnerungen auslagert und Gedächtnis überhaupt erst konstruiert, Kommunikation und Zugriff auf (vergangene) Wirklichkeiten erst möglich macht. Jede Erinnerung, ist demnach ein mediales Konstrukt:

Die erinnerungskulturell wirk- und bedeutsamen Vergangenheiten sind […] den Medien nicht äußerlich. Es sind mediale Konstrukte. Deshalb sind sie nicht falsch oder unwirklich; Medialität stellt vielmehr die Bedingung der Möglichkeit des sinnhaften kollektiven Bezugs auf zeitliche Prozesse dar. (ebd., 5)

Über Erinnerung und Gedächtnis, das zeigt sich in all diesen Perspektiven, lässt sich nicht ohne Medien sprechen. Wie aber ist das Medium in diesen Beiträgen definiert und was leistet eine solche Mediendefinition? So häufig der Begriff in der Erinnerungsdebatte verwendet wird, so unterschiedlich und mitunter unpräzise ist seine Verwendung. Demnach konstatiert auch Erll: »Eine – in Methoden und Erkenntnisinteressen recht heterogene – medienorientierte Gedächtnisforschung hat sich seit Ende der 1990er Jahre herausgebildet« (ebd., 9). Die Konsequenz ist ein weiter wie vielschichtiger Medienbegriff, der eine Vielzahl von relevanten Phänomenen umfasst, aber kaum disziplinübergreifend verwendbar scheint.

Medien bei Jan und Aleida Assmann

Ich möchte einen Rückbezug auf Jan Assmanns Konzept des kulturellen Gedächtnisses nutzen, um mich seinem Konzept von Medien anzunähern. In der Abgrenzung zwischen kommunikativem und kulturellem Gedächtnis unterscheidet dieser wie bereits angeführt die lebendige Erinnerung organischer Gedächtnisse, persönlicher Erfahrungen und

Hörensagen von festen Objektivationen und traditionellen symbolischen Kodierungen sowie Inszenierungen in Wort, Bild oder auch Tanz, die er als Medien ausweist (vgl. Assmann 2007, 56). Medien sind demnach wirksam in der auslagernden Speicherung von Gedächtnisinhalten, die materialen Voraussetzungen für die Überführung von Geschichte als absoluter Vergangenheit. Als feste Objektivationen sind sie Teil des Semioseprozesses. Die wahrgenommene Dingwelt wird in einem Akt der Semiotisierung mit einem weiterführenden Sinn versehen. Dies macht Erinnerung über die individuell biografische Erfahrungsspanne hinaus möglich. In dieser weit gefassten Definition können grundsätzlich alle Komponenten der wahrgenommenen Dingwelt, die am überindividuellen Erinnerungsprozess beteiligt sind, Medien werden, insofern sie Teil des Kodierungsprozesses, der Sinnstiftung sind. Sie können sich äußern

> in Gestalt von Ritualen, Tänzen, Mythen, Mustern, Kleidung, Schmuck, Tätowierung, Wegen, Malen, Landschaften usw., Zeichensystemen aller Art, die man aufgrund ihrer mnemotechnischen (Erinnerung und Identität) stützenden Funktion dem Gesamtbegriff »Memoria« zuordnen darf. (ebd., 52)

Medien versteht Assmann demnach als die festen Objektivationen, die als Zeichensysteme die Mythosbildung erst ermöglichen.

Unscharf bleibt bei Assmann jedoch die Definition von Medien über die Feststellung hinaus, dass diese als feste Objektivationen ein Zeichensystem zur Verfügung stellen. Vielmehr sind es die medialen Funktionen in Erinnerungsprozessen, die in den Auseinandersetzungen genauer beschrieben werden. Aleida Assmann nennt in ihrem Buch *Erinnerungsräume* die Schrift, das Bild, den Körper und den Ort als die vier elementaren Formen des Gedächtnisses, beschreibt diese aber nicht direkt als Medien, sondern legt den Fokus vor allem auf die Beschreibung von medialen Funktionen als Speicher und Stabilisator für Erinnerungen sowie auf die spezifische Materialität, die ›fassbaren‹ Spezifika der Formen für Erinnerungen (vgl. Assmann 2009). Beiden geht es also weniger um eine exakte Definition dessen, was ein Medium über die besagte Funktion im Kontext von Gedächtnis und Erinnerung hinaus als ein solches überhaupt charakterisiert.

Für die genannten Beispiele aus *Herr Zwilling und Frau Zuckermann* ließe sich die Frage nach der Mediendefinition mit Jan und Aleida Assmann dennoch recht einfach auflösen: Alle Objektivationen, die hier erscheinen, sind (potenziell) mediale Zugänge zu Erinnerung, egal ob Zeitung, Friedhof oder Landschaft. So lange sie als Speicher an der Vermittlung von Sinn beteiligt sind, einen Zugang zu Erinnerung und damit Vergangenheit herstellen, können sie als Gedächtnismedium verstanden werden. Das Medium ließe sich in diesem Zusammenhang als die Voraussetzung für die Formbildung der Zeichen beschreiben, die Grundlage, auf der sich die Zeichenprozesse und Sinnstiftungen vollziehen. So stellt auch Jens Ruchartz in Bezug auf Aleida Assmanns Beschreibung der Erinnerungsräume fest:

> Lokalisiert man kollektive Gedächtnisse in Zeichen, dann kommen unweigerlich Medien ins Spiel, erfordert jedes aktualisierte Zeichen doch ein Medium, auf dessen Basis es sich als Form überhaupt erst konstituieren kann. (Ruchartz 2004, 85)

Medien und das Mehrebenenmodell

Zwar erscheint eine solche Herangehensweise praktikabel bei der Beschreibung von Erinnerungszugängen, denn sie fasst diese in ihrer Heterogenität unter einem Begriff zusammen, macht sie also variabel einsetzbar; jedoch birgt der Begriff auch das Risiko der fehlenden Präzision in der Analyse. Martin Zierold weist in Zusammenhang mit den Überlegungen Assmanns nicht nur auf dieses Risiko hin, sondern kritisiert die Begriffsverwendung in der Kulturwissenschaft ganz allgemein:

> So scheint eine variable und diffuse Verwendung des Medienbegriffs kennzeichnend für den kulturwissenschaftlichen Diskurs insgesamt zu sein. Dabei werden gleichermaßen technische Massenmedien wie auch »ästhetische soziale Gruppen« […] unter dem Label »Gedächtnismedium« betrachtet, ebenso wie Medientechnologien, Gattungen und Medienangebote wechselweise in einen vagen Medienbegriff gefasst werden. (Zierold 2006, 102f.)

Erll wiederum kritisiert die unklare Forschungslage in der Medienwissenschaft und argumentiert in Anlehnung an Jan und Aleida Assmann gerade zugunsten eines Medienbegriffes, der in seiner vermittelnden Funktion für die Erinnerungsprozesse aufgeht:

Der Medienbegriff kann kaum als expliziert bezeichnet werden, die Medienwissenschaft konturiert sich als eine äußerst heterogene Forschungslandschaft mit einer Vielzahl oft unvereinbar scheinender Theorien und Methoden. Gerade die Beschäftigung mit Gedächtnismedien erfordert einen konzeptuellen Spagat zwischen weit auseinander liegenden Bereichen der Medienforschung: Das Interesse der kulturwissenschaftlichen Gedächtnisforschung an Medialität basiert zunächst einmal auf einem grundlegenden Verständnis von »dem Medium« als »etwas (hier das zu Erinnernde) Vermittelndem« […]. (Erll 2004, 12)

Sie fordert unter diesen Voraussetzungen einen weiten und übergreifenden wie integrativen Medienbegriff, der sowohl die Vielzahl an Erinnerungszugängen erfassen kann, als auch deren Heterogenität und Lokalisierung auf verschiedenen Ebenen berücksichtigt, der

viele verschiedene mediale Phänomene erfassen und zugleich sichtbar voneinander differenzieren können [muss]. Benötigt wird also ein Begriff, der Literatur und Internet, Ritual und Radio vergleichbar macht, mit dem die verschiedenen Ausdrucksmöglichkeiten und das spezifische Leistungsvermögen der jeweiligen Gedächtnismedien in den Blick kommt […]. Kurz, ein ausdifferenziertes Mehrebenenmodell der »Medien des kollektiven Gedächtnisses« […]. (ebd., 11)

Wie auch Zierold orientiert sich Erll für dieses Mehrebenenmodell an Siegfried J. Schmidts Vierstufenmodell vom Medium des kollektiven Gedächtnisses. Das Modell unterscheidet Medien in die vier Komponenten *Kommunikationsinstrumente, Medientechnologie* oder *technisch-mediales Dispositiv*, eine *sozialsystemische Komponente* und das konkrete *Medienangebot* (vgl. ebd., 13). Unter die erste Komponente fallen jegliche materialen Gegebenheiten, die semiosefähig und in einer dauerhaften, geregelten und wiederholbaren Kopplung mit der Gesellschaft verbunden, also Teil einer systemspezifischen Sinnproduktion sind. Hier nennt Schmidt etwa Schriften, Töne oder Bilder. Die Komponente Medientechnologie zielt auf technische Prozesse des Mediums ab und rückt die Beschaffenheit des Dispositivs in den Vordergrund, etwa den Druck, die Film- oder auch Fernsehtechnik. Unter der sozialsystemischen Komponente sind die Institutionen und Organisationen zusammengefasst, mittels derer das Kommunikationsmittel in der Gesellschaft durchgesetzt wird, so etwa Schulen, Verlage oder Bibliotheken. Das Medienangebot stellt letztlich das konkret vorliegende und genutzte Angebot dar. Erll spielt das Modell am Beispiel der

Bibel durch: Die Schrift etwa könne als Kommunikationsinstrument, der Druck als Medientechnologie, die sozialsystemische Komponente als Kanonisierung und das konkret vorliegende Medienangebot als Bibel benannt werden (vgl. Erll 2004).

In diesem Mehrebenenmodell wird das Medium umfassender als noch bei Jan und Aleida Assmann beschreibbar, die einzelnen Aspekte auf mehreren Ebenen voneinander differenzierbar. Erlls Vorschlag für eine kulturwissenschaftliche Untersuchung von Medien läuft weiter auf eine zweischrittige Vorgehensweise hinaus:

> In einem ersten sollen Kommunikationsinstrumente, Technologie und Objektivation als mögliche materiale Komponenten des Gedächtnismediums bestimmt werden. In einem zweiten Schritt geht es um die Dimension der sozialen Funktionalisierung von Medien. (ebd., 14)

Erll unterscheidet demnach die Medienanalyse in eine materiale Dimension (Kommunikationsinstrumente, Medientechnologie und Medienangebot) und eine soziale Dimension, die sie weiter in die produktionsseitige und rezeptionsseitige Funktionalisierung aufteilt. Geht es auf Produktionsseite um die Setzung von Sinn, um die Kodierung von Botschaften durch das Medium, bezieht sich die Rezeptionsseite auf die Nutzung ebensolcher Medien bei der Identitätskonstruktion einer sozialen Gruppe, die Verwendung des Mediums im Kontext von Erinnerungsprozessen durch das Kollektiv.

Diese Unterteilung auf verschieden gelagerte Ebenen widerspricht nach Erll jedoch nicht einem weitläufigen Medienbegriff wie ihn Jan und Aleida Assmann anstreben, sondern führt auch für sie zu einer ähnlich weitläufigen Definition: »Medien des kollektiven Gedächtnisses konstruieren Wirklichkeits- und Vergangenheitsversionen« (ebd., 19). Dieser Versuch eines integrativen Mehrebenenmodells offeriert bei aller Differenzierbarkeit jedoch eine vorschnelle Unterscheidung von mitunter schwer voneinander abgrenzbaren Medienkomponenten. Auch Zierold kritisiert die strikte Abgrenzung der Komponenten sowie die weite Auslegung:

> Problematisch bleibt insbesondere die nicht uneingeschränkt tragfähige Erweiterung des Schmidt'schen Konzepts auf einen fast grenzenlos gedehnten Medienbegriff [...]. Darüber hinaus birgt die weitere differenzierende Systematisierung Erlls die Gefahr der zu deutlichen Abgrenzung der einzelnen Ebenen voneinander. Die dezidiert integrative Perspektive

[von Siegfried J. Schmidt], die die Ebenen des Kompaktbegriffs als miteinander untrennbar verwoben beschreibt, droht in der Variante von Erll verloren zu gehen. (Zierold 2006, 161)

Darüber hinaus stellt sich anhand der angeführten Beispiele aus *Herr Zwilling und Frau Zuckermann* die Frage, wie praktikabel ein solches Mehrebenenmodell bei der filmanalytischen Arbeit sein kann. Das vorgestellte Modell dient insbesondere der umfassenden Bestimmung von Medienkomponenten für den gesamtgesellschaftlichen Kontext, der Fokus dieser Studie soll jedoch vor allem auf der Funktion von Medien als Zugang zu individuellen und kollektiven Erinnerungen liegen, die sich dann im Film als ein Modell für kulturelles Gedächtnis zusammenfügen. Die Aufteilung der medialen Aspekte auf verschiedene Ebenen scheint daher wenig praktikabel, sehr wohl aber sind die angeführten Unterscheidungen von Produktion und Rezeption im Rahmen des Modells zur Präzisierung der medialen Erinnerungszugänge verwendbar.

Medien als Mittler und neutrales Organon?

Wolfgang Müller-Funk wiederum schließt sich der weit gefassten Definition von Medien an, stellt seinen Überlegungen aber eine mediengeschichtliche Fundierung voran, bei der er die Medientheorie vereinfacht in drei Kategorien aufteilt. Erstens die technischen Theorien, die sich der maschinellen Logik und den technischen Möglichkeiten des Mediums widmen. Zweitens Medientheorien, die sich auf die dazugehörigen Zeichensysteme konzentrieren und mit Charles Peirce gesprochen symbolische, ikonographische und deiktische Beziehungen des Mediums untersuchen; und drittens Theorien, die das Verhältnis von Medium und Mensch analysieren und dabei auch auf die Modellierung und Modifizierung von Kultur und Gesellschaft abzielen. Müller-Funks eigener Medienbegriff, der deutlich von einer literaturwissenschaftlichen Perspektive auf die Debatte geprägt ist und einen Fokus auf Narrative legt, die als Medien für die Ausformung von Kulturen verantwortlich sind, lässt sich am ehesten im dritten von ihm erwähnten Bereich verorten. Er ist auch vergleichbar mit demjenigen von Assmann oder Erll. Drei grundlegende Eigenschaften von Medien prüft Müller-Funk zu Beginn als einen (vermeintlichen) Konsens: den Aspekt der »Mittelhaftigkeit« (Müller-Funk 2008, 171), das Medium als ein »Element des Werkzeugs, das zwischen zwei Menschen tritt, ebenso wie die Assoziation, daß das Medium in einem virtuellen Raum gleichsam eine Mitte markiert« (Müller-Funk 2008, 171f.), und drittens die ästhetische Eigenart des Mediums als »neutrales Organon für narratives und semiotisches Material« (ebd., 172). Hervorgehoben ist zunächst der Status des Mediums als Mittler, als Dazwischen.[4] Die Mittelhaftigkeit nutzt Müller-Funk dabei jedoch nur als Ausgangsargument, um später den Medienbegriff erweitern zu können. Das Medium bestimmt er weiter als »Möglichkeit einer [...] narrativen Form« (ebd.), die Kultur als das »Ensemble der verfügbaren Medien und der damit verbundenen Formen der Inszenierung, der Kommunikation und der kulturellen Lebenspraxis« (ebd., 175). Müller-Funk betont jedoch den fragmentarischen und wenig durchsetzungsfähigen Charakter dieser Annäherung und begründet dies mit der Ausschnitthaftigkeit einer Vielzahl medientheoretischer Konzepte. Das Problem sieht er jedoch nicht in den Konzeptentwürfen, sondern in Status und Beschaffenheit der Medien:

> Die enormen Schwierigkeiten, einen Gesamtentwurf vorzulegen, dürfte mit dem Gegenstand zu tun haben: daß nämlich diese Medien keinen Gegenstand im Sinn einer klassischen *epistme* abgeben, sich vielmehr als nicht eindeutig fixierbar erweisen, als Nicht-Gegenstände [...]. (ebd., 176)

Am Ende seiner Annäherung an eine Mediendefinition stellt Müller-Funk (ähnlich weit gefasst wie Erll) fest: »Nicht alles kann zum Mittel, aber schier jedes kann zum Medium werden« (ebd., 183). Statt aber – mit Jan Assmann gesprochen – feste Objektivationen eng an den Status von Medien zu knüpfen und deren Materialität hervorzuheben, plädiert Müller-Funk für ein Konzept von Medien, das sich gerade nicht erschöpfend in Objektivationen äußert, also nicht in der Untersuchung von deren Materialität aufgeht, sondern in der Unterscheidung vom Mittel. Die Bestimmung von Medien, so seine wichtige Feststellung, ist dabei keine singulär gültige Zuschreibung, die einen Gegenstand umfassend beschreiben kann, sondern für Müller-Funk vielmehr *eine* mögliche Perspektive der

---

4 Auf dieser Annahme fußt Müller-Funks spätere Argumentation, das Narrativ fungiere im Sinne eines Werkzeugs zur symbolischen Ausgestaltung der Gesellschaft, durch die letztlich Kultur entstehen kann. Auf seinen narrativen Ansatz als Annäherung an den Kulturbegriff möchte ich in der zweiten Hälfte der Studie noch einmal ausführlich zurückkommen und die Frage in den Fokus rücken, wie sich Kulturen über Erinnerung als Erzählung konstituieren und inwiefern die Filme diese Facette spiegeln können.

Betrachtung: »Ob Artefakte als ›Kunst‹ oder als ›Medium‹ decodiert werden, hängt vom jeweiligen gesellschaftlichen und historischen Kontext ab« (Müller-Funk 2008, 184). Die Unterscheidung von Mittel als vermeintlichen Konsens und dem Medium, die in der oben genannten Definition aufscheint, führt zur Beschreibung des Mediums über die mediale Prägung von Erinnerung. Für Müller-Funk ist es gerade der Bedeutungsüberschuss, der das Medium von einem Mittler abgrenzt: »Er [der Medienbegriff] geht nicht auf in der instrumentellen Bedeutung des Mittels, aber der Terminus des Mediums weist einen Bedeutungsüberschuß auf« (ebd., 183). Für Müller-Funk ist das Medium nicht nur neutraler Mittler, die Botschaft ist durch ein Medium nicht im Sinne eines neutralen Organons vermittelt, sondern entscheidend durch das Medium geprägt. Diese Annahme rückt seine Überlegungen in die Nähe des Konzepts von Sybille Krämer, die sich dem Medium über die Modi Apparat und Spur nähert und dabei einen Medienbegriff etabliert, der sich als eine Perspektive für die weitergehende Analyse eignet.

3.2 Spur, Apparat, Medium – eine Begriffsfundierung

Krämer nähert sich ihrem Medienbegriff über die zwei grundlegenden Medientheorien von Marshall McLuhan und Niklas Luhmann. McLuhan, dessen berühmte These, das Medium sei die Botschaft, medienwissenschaftliche Annahmen in den 1960er Jahren maßgeblich veränderte, wählt einen techniktheoretischen Zugang für seine Begriffsklärung. Er versteht Medien wie auch Technik über ihren Status als Mittel, deren Besonderheit er über die anthropomorphe Idee der Organerweiterung und Organverstärkung im Sinne einer künstlichen Ausweitung des menschlichen Körpers definiert (vgl. Krämer 1998, 76). McLuhan führt die Denkfigur zwischen Technik und Medien zusammen: Mechanische Technik verlagere körperliche Funktionen des Menschen nach außen, während elektronische Medien das zentrale Nervensystem oder auch die Sinnesorgane exteriorisierten. Die Folge ist für McLuhan eine Neutralisierung von Raum- und Zeitunterschieden, da Medien in der Lage sind, räumlich Entferntes in unmittelbare Nähe zu rücken und zeitlich nacheinander Folgendes gleichzeitig zu vermitteln. Eine Definition von Medien kann demnach nur mit einer Verschränkung mit Materialität und Technik gelingen, bei der die Botschaft durch das Medium geprägt wird, sogar selbst zur Botschaft wird: »Die Wirklichkeit und Wirksamkeit der Medien, als das, was an ihnen manifest wird, verortet McLuhan genau in dem, was Medien zu einem Typus von technischen Artefakten macht« (Krämer 1998). Medien sind also auch bei McLuhan als Perspektive auf die wahrnehmbare, hier explizit technisierte Dingwelt verstehbar.

Luhmann argumentiert aus einer systemtheoretischen Perspektive gerade gegen eine solche manifestierende Definition, indem er zwischen Medien und Form unterscheidet. Dafür geht er von einer Unterscheidbarkeit von loser und rigider Kopplung von Elementen aus. Sind diese nur lose verknüpft, also faktisch unbestimmt aber potenziell empfänglich für Strukturierung, bezeichnet Luhmann sie als Medien. Die strukturbildenden Muster, die ebendiese Elemente jedoch verdichten, versteht er als Form. Medien sind in dieser Perspektive also nicht definierbar über ihre ›manifeste‹ Materialität, sondern sind vielmehr fähig, die Formen in sich aufzunehmen. Für Luhmann werden Medien in dieser Unterscheidung nicht zu Materialitäten oder, mit Assmann gesprochen, in Objektivationen sichtbar. Vielmehr können die Medien selbst gar nicht wahrgenommen werden, sondern nur die aus ihnen herausgebildeten Formen. Das Medium bei Luhmann »tut also nichts, es informiert nichts, es enthält nichts« (ebd., 77). Luhmann etabliert damit ein »funktionalistisches Materie/Form-Verhältnis« (ebd.), bei dem das Medium die Vermittlung von vorhandener ›loser‹ Materie und sich verdichtender Form übernimmt. So rückt das Medium ähnlich wie bei Müller-Funk in einen Status, der (partiell) abgelöst vom Gegenständlichen erst Voraussetzung ist, um Formen herausbilden zu können. Was aber als Medium und was als Form identifizierbar ist, das ist auch in dieser Argumentation eine Frage der Beobachterperspektive. Krämer sieht in Luhmanns Unterscheidung den klassischen Diskurs des Zeichens aufscheinen, genauer die Unterscheidung von Zeichenträger und Zeichenbedeutung. Der materielle Zeichenträger ist arbiträr und nur Vehikel für die Zeichenbedeutung, so wie auch Barthes annimmt, dass prinzipiell alles auf der Seite der Form zum Mythos werden kann (vgl. Barthes 1964, 93). Für Luhmann, so ließe sich argumentieren, ist die Form ebenso arbiträr, bildet sie sich doch aus einer losen und letztlich beliebigen Kopplung von Elementen.

Beide Medientheorien nutzt Krämer, um ihr Konzept der Medien von einer reduzierenden Definition über den Begriff des Zeichens (Luhmann) und des technischen Instruments (McLuhan) abzugrenzen. Zunächst nennt Krämer dafür als Konsens über das Zeichen dessen Konventionalität: Zeichen sind wie zuvor angeführt arbiträr. Erst durch Zuschreibung einer Bedeutung, eines intendierten Sinns und einer Festlegung der Form können sie entstehen. Zeichen und Medium versteht sie weiter als unmittelbar miteinander verbunden: »es gibt keine Zeichen ohne ein Medium« (Krämer 1998, 78). Das Medium aber ist für Krämer nicht einfach neutrale Vermittlungsinstanz, auf deren Basis das Zeichen entsteht, sondern prägt die entstehende Bedeutung des Zeichens über eine konventionalisierte Semantik hinaus. Durch die Materialität des Mediums, die Grundlage für Zeichenbildung ist, entsteht ein »Überschuss an Sinn« (ebd., 79), ein »›Mehrwert‹ an Bedeutung« (ebd.), den auch Müller-Funk in der Unterscheidung von Mittel und Medium anspricht. Dieser Mehrwert wiederum entsteht, indem sich die Beschaffenheit des Mediums an den Sinn heftet.

Die Spur

An dieser Stelle nun führt Krämer die Spur ein und versteht sie als Modell der Betrachtung, mit der die Prägekraft des Mediums erläutert werden kann. Die Spur verweist demnach »immer auf etwas, das in der Vergangenheit liegt: die Anwesenheit der Spur zeigt die Abwesenheit dessen, was die Spur hervorgebracht hat« (ebd., 80), und ist als Abgrenzungsmodell zum konventionalisierten Zeichen für Krämer ein »prädiskursives, vorsemantisches Phänomen« (ebd., 79), das gerade nicht intentional hinterlassen ist.[5] Wenn Medien also den Sinn entscheidend mitprägen, dann ist diese Prägung über das Modell der Spur als Abwesendes verstehbar. Als Fazit wendet Krämer in dieser Feststellung McLuhans berühmten Satz: »Das Medium ist nicht einfach die Botschaft, vielmehr bewahrt sich an der Botschaft die Spur des Mediums« (ebd., 81). Mit dem Modell von der Spur des Mediums macht Krämer eine Schaltstelle greifbar, die in den anderen Medienkonzepten wiederkehrt: die Frage nach den medialen Spezifika des jeweiligen medialen Zugangs zu Erinnerung.

---

5   Diese Annahme soll mit Kessler noch problematisiert werden, sind Spuren doch, wie auch Erll mit produktionsseitiger und rezeptionsseitiger Funktionalisierung andeutet, Auslöser und Ergebnis von Semioseprozessen gleichermaßen und daher einer zirkulären Struktur unterworfen.

Darüber hinaus liefert die Unterscheidung von konventionalisiertem Zeichen und unbeabsichtigter Spur (des Mediums) eine Abgrenzungsmöglichkeit zwischen Zeichen und Medien, die bei Jan Assmanns Überlegungen noch unklar bleibt. Das Spurmodell ist auf beide Begrifflichkeiten anwendbar. Die Spur als Analysemodell liefert daher auch Betrachtungsmöglichkeiten von Semioseprozessen, als Schnittstelle, die *zwischen* den beiden Begrifflichkeiten arbeiten kann, ein Modell, welches »zwischen Gegenstand und Zeichen, zwischen Medium und Phänomen, zwischen Gegenwart und Abwesenheit, Sichtbarkeit und Unsichtbarkeit, Aufzufindendem und erst noch zu Erzeugendem oszilliert« (Kessler 2012, 17). Noch bevor sie die eng mit der Spur verknüpften Begriffe Zeichen und Medium einführt, hält Norah Hannah Kessler, die eine Differenzierung von Krämers Spurbegriff anstrebt, einen Definitionsversuch fest: »Spuren sind Abdrücke, Eindrücke, Reste oder Hinterlassenschaften von Lebewesen, Gegenständen oder Ereignissen, die im Hier und Jetzt Rückschlüsse auf eine selbst nicht unmittelbar wahrnehmbare Realität erlauben« (ebd., 30). In Kesslers Definitionsversuch und der Argumentation Krämers steckt das Potenzial, einige der Dilemmata zu lösen, die sich in den zuvor genannten Mediendefinitionen andeuten.

Der Apparat

Die zweite Abgrenzung vollzieht Krämer mit dem Konzept des Mediums als Apparat. Sie übernimmt hierfür McLuhans Idee von der Mittelbarkeit technischer Instrumente und technischer Medien, unterscheidet diese aber explizit voneinander. In Bezug auf das technische Instrument bleibe dieses »der bearbeitenden Sache durchaus äußerlich« (Krämer 1998, 83). Empfangen wir aber eine Botschaft, die in einem Medium vorliegt, dann ist diese in Letzteres »eingetaucht und von ihm durchdrungen« (ebd.). Dem technischen Instrument also bedient man sich, das Bearbeitete jedoch existiert losgelöst von ihm. Das Medium aber ist Grundvoraussetzung, um sich mit dem in ihm Vorliegenden überhaupt auseinandersetzen zu können (ein Gedanke, der zuvor schon mit Erll beschrieben wurde). In diesem Sinne sind Medien keine äußerlichen Vehikel oder lediglich (neutrale) Träger der Botschaft, sondern erzeugen erst die Möglichkeit, sich mit Botschaften auseinandersetzen zu können, die wiederum an die Medialität gekoppelt bleiben. In dieser Unterscheidung vom technischen

Instrument als Werkzeug definiert Krämer die technischen Medien als Apparat. Dabei betont Krämer, dass es sich (wie etwa auch bei Müller-Funks Abgrenzung von Mittler und Medium) keineswegs um eine ontologische Unterscheidung, sondern lediglich um eine Perspektive auf ein Phänomen handelt. Die Funktion des Apparates weitet sie im nächsten Schritt dramatisch aus. Wenn Botschaften immer als dem Medium inhärent und über dieses geformt verstehbar sind und jegliche Botschaft zwingend über Medien vermittelt ist, dann ist der Apparat nicht nur wie bei McLuhan eine Verlängerung der menschlichen Körperfunktionen, sondern übersteigt gerade deren Fähigkeiten, indem er eine welterzeugende Funktion besitzt, die ohne Medien nicht denkbar ist:

> Die Technik als Werkzeug erspart Arbeit; die Technik als Apparat aber bringt künstliche Welten hervor, sie eröffnet Erfahrungen und ermöglicht Verfahren, die es ohne Apparaturen nicht etwa abgeschwächt, sondern überhaupt nicht gibt. Nicht Leistungssteigerung, sondern Welterzeugung ist der produktive Sinn von Medientechnologien. (Krämer 1998, 85)

Welterschließung werde demnach zwingend durch mediale Konfigurationen vollzogen, Krämer spricht von »konstitutionelle[r] Medialität unserer Weltbeziehung« (ebd., 90). Die Medien, so Krämer weiter, fungieren dabei ähnlich wie bei Luhmann als Voraussetzung zur Bildung von Zeichensystemen. Entgegen Luhmann aber lässt sich diese vorausgehende Konfiguration gerade über ihre materiale Struktur definieren:

> Die »stummen« materialen Strukturen von Medien stellen geschichtlich sich wandelnde Vorräte von Unterscheidungsmöglichkeiten bereit, in deren Spektrum erst Zeichen gebildet, fixiert und übermittelt werden können, sich also die raum-zeitliche Performanz unseres Zeichenverhaltens wirklich vollzieht. (ebd.)

Diese Definition von Medien als materiale Voraussetzung für sich anschließende Zeichensysteme, ebenso wie die Idee, Medientechnologien ermöglichten als Apparat erst Welterzeugungen, ist direkt mit Erlls Definition der Gedächtnismedien verbunden. Denn Erll gibt an, dass deren wichtigste Funktion in der Konstruktion von Wirklichkeits- und Vergangenheitsversionen liegt. Darüber lässt sich die Definition mit der Erinnerungsfigur bei Jan Assmann sowie dem Mythosbegriff nach Barthes verschränken. Zeichen und Medium finden hier ebenso zueinander wie sie eine Abgrenzung erfahren, die mit der Betrachterperspektive zusammenhängt. An Müller-Funks Abgrenzung von Mittler und Medium wiederum lässt sich mit dem Modus Spur des Mediums anknüpfen. Mithilfe von Krämers Unterscheidung der Modi Spur und Apparat als Perspektive auf das Medium gelingt es so, dem problematischen Versuch einer genauen Mediendefinition zu entgehen, trotzdem die medialen Zugänge zu Erinnerung und Gedächtnis beschreibbar zu machen und die Ansätze verschiedener theoretischer Ausrichtungen, die in meiner Studie Verwendung finden, in wichtigen Punkten miteinander zu verbinden und auch einen filmanalytischen Ansatz mit einem differenzierten gedächtnismedialen Begriffsinventar möglich zu machen.

Die Spur des Mediums und der Film

Insbesondere die Annahme, an der Botschaft hafte die Spur des Mediums, ist für diese Studie nutzbar zu machen, da die analysierbaren medialen Zugänge von Erinnerung, um die es weiter gehen soll, *im Film* thematisiert werden. Es ergibt sich für die weitere Analyse also eine Thematisierung von Medien auf zwei Ebenen: auf einer ersten Ebene die im Film angesprochenen medialen Zugänge, die einen Zugriff auf Erinnerungen ermöglichen, und auf einer zweiten, nicht von der ersten ablösbaren Ebene, deren audiovisuelle Präsentation durch den filmischen Apparat, die dem Zuschauer erst eine Auseinandersetzung mit den erstgenannten medialen Zugängen ermöglichen. Der Film, so die zu Beginn geäußerte These, kann als Modell für ein kulturelles Gedächtnis verstanden werden. Das Modell wiederum entsteht über die medialen Funktionen des Films und den welterzeugenden Apparat sowie über die medialen Spuren an der Botschaft.

Es ergibt sich für die Untersuchung also eine unweigerlich miteinander verwobene Analyse von Gedächtnismedien auf zwei Ebenen. Mediale Zugänge zu Erinnerung werden im und durch den Film nicht nur reflektiert, sondern im Sinne von Krämers Feststellung der konstitutionellen Medialität der Welterschließung erst durch den Film und dessen Rezeption geformt und hervorgebracht. Für eine filmwissenschaftliche Auseinandersetzung zeigt sich mit dem Apparat, wie diese erzeugte Welt als kulturelles Gedächtnis geformt ist, die medial spezifische Konfiguration rückt in den Fokus der Auseinandersetzung. Über den Apparat ist demnach die zentrale mediale Funktion der Welterzeugung (Krämer) respektive der Entwurf von Wirklichkeits- und Vergangenheitsversionen (Erll) nachvollziehbar.

Der Apparat und das Modell für kulturelles Gedächtnis

Anhand des Apparats kann zudem geprüft werden, ob das Konzept des kulturellen Gedächtnisses aufrecht zu erhalten ist. Krämer gibt in Abgrenzung zu McLuhan an, dass Apparate im Unterschied zu technischen Instrumenten gerade über die menschlichen Fähigkeiten hinausweisen, statt diese nur zu verlängern. Vielmehr bringen sie eigene, künstliche Welten hervor. Mit dieser Feststellung Krämers lässt sich die Problematik, ob Erinnerungen in einer als kulturellen Gedächtnis geformten Konfiguration gespeichert werden, für die hier vollzogene filmanalytische Arbeit auflösen. Es handelt sich, trotz möglicher Nähe zur Funktionsweise menschlicher Gedächtnisse, keineswegs um die reine Externalisierung in ein dem menschlichen Gedächtnis identisches Gebilde, sondern vielmehr um eine spezifisch mediale Konfiguration, die eine medial vorgeprägte Welt erzeugt und als ein eigenständiges Gedächtnismodell verstanden werden kann. Dies bedeutet jedoch keinesfalls, dass in diesem ›künstlichen‹ Gedächtnis nicht menschliche Erinnerungsprozesse nachvollzogen oder gespiegelt werden können, im Gegenteil. Indem die angeführten Filme verschiedenste Erinnerungszugänge zusammenführen und damit explizieren, können sie als Teil dieses Gedächtnismodells verstanden werden.

Die Frage, ob sich am Ende tatsächlich kollektive Erinnerungen in einem kulturellen Gedächtnis sammeln, ist an dieser Stelle mit »ja« zu beantworten, allerdings mit der wichtigen Einschränkung, dass dies zunächst nur für die untersuchten Filme gesagt werden kann, die hier als Modelle für ein kulturelles Gedächtnis einen solchen kollektiven Zusammenhang *behaupten*. Das Medium ist wie erwähnt nicht neutraler Mittler und äußerliches Vehikel wie das technische Instrument, sondern prägt die Botschaft entscheidend mit. Letztere ist vom Medium durchdrungen. Jede Aussage über Reflexion von Erinnerungsprozessen kann also nur über die mediale Prägung im Sinne der Spur des Mediums verstanden werden.

Die Perspektive der Spur, die in diesen Ausführungen Krämers bereits ihre Vielseitigkeit andeutet, ist wie Kessler zeigt jedoch keineswegs auf die Anwendung Spur des Mediums beschränkt. Vielmehr erlaubt der Spurbegriff eine doppelseitige Wendbarkeit in Zusammenhang mit den Begriffen Zeichen und Medium, eine Eigenschaft, die Krämer wie auch Kessler mit »Janusköpfigkeit« (Kessler 2012, 17) beschreiben. Demnach ist eine Perspektive der Spur des Mediums ebenso möglich wie die Perspektive der Spur als Medium. Auch für das Zeichen eröffnen sich interessante Betrachtungsmöglichkeiten: Das Zeichen kann als Spur betrachtet werden, ebenso wie die Spur als Zeichen. Inwiefern aber kann mit dem Spurbegriff an die Debatte um Erinnerung und Gedächtnis angeschlossen werden?

Die Möglichkeit einer solchen Verbindung expliziert Kessler in ihrer Einleitung des Buches *Dem Spurenlesen auf der Spur*, indem sie ihren Spurbegriff historisch entlang von Platons Mnemosyne-Konzept konturiert, das auch Aleida Assmann als Anknüpfungspunkt für ihre Ausführungen zu Erinnerungsprozessen nutzt.[6] Mit der Spur, so Kessler, werde schon bei Platon eine Mnemotechnik modelliert, »die das Sich-Niederschlagen und Speichern von Gedächtnisinhalten vorstellbar macht« (ebd., 20). Unabhängig von der sich wandelnden Gedächtnismetaphorik, ob Palimpsests, Wunderblock oder Wachstafel, ist nach Kessler über die Spur als ein (metaphorisches) Beschreibungsmodell die »Schnittstelle zwischen einer sich einprägenden Wahrnehmung einerseits und der erinnernden Reproduktion des Erlebten andererseits« (ebd.) beschreibbar. Auch die Verwendung der Spur in prominenten erkenntnistheoretischen Auseinandersetzungen deutet die Nähe zur Gedächtnisthematik an, betonen doch alle eine zentrale Charakteristik der Begrifflichkeit: die Spur als von Interpretanten hervorgebrachte Konfiguration, von der aus ein Sprechen über das Abwesende möglich ist. Sei es bei Heidegger, für den die Spur als eine »Metapher für die Abwesenheit und den Entzug des Göttlichen« (Heidegger nach Kessler 2012, 21) fungiert, oder bei Levinas, der den Anderen nicht über das Zeichen, sondern über die Spur deutet, um diesen »in seiner Andersheit und absoluten Fremdheit zu belassen« (ebd.); oder bei Derrida, der noch radikaler als Levinas die Spur als »Metapher für das uneinholbar Abwesende« (ebd., 22) aufgreift und mit dieser die

---

6   Als ein Beispiel sei das von ihr mit herausgegebene Buch *Mnemosyne. Formen und Funktionen der kulturellen Erinnerung* genannt, in dem Assmann den Begriff unter anderem im Kontext eines historischen Abrisses über die Metaphorik von Erinnerung verwendet (vgl. Assmann 1991, 13-35).

Unmöglichkeit von Wissen und definitiver Erkenntnis deutlich macht. Die Spur, so resümiert Kessler, wird im Laufe des 20. Jahrhunderts zur »Metapher und Symbol für Polysemie, Abwesenheit und den Zirkulationsprozess der Zeichen« (Kessler 2012, 21) und mit dieser Charakterisierung prädestiniertes Instrumentarium für die Untersuchung von medialen Zugängen zu Erinnerung.

4. Was ist ein Gedächtnismedium? Eine exemplarische Analyse

Anhand einer exemplarischen Analyse zu den anfänglich genannten Beispielen möchte ich die Praktikabilität des bisher eingeführten Begriffsinventars rund um Medium, Apparat, Spur und Zeichen (und damit verbunden Mythos) prüfen. Als erste Sequenz möchte ich die bereits angesprochenen abgesägten Davidsterne im jüdischen Haus von Czernowitz erneut thematisieren, bietet das Beispiel doch eine besonders anschauliche Möglichkeit, die verschiedenen Begrifflichkeiten und ihre Perspektiven auf den hier präsentierten Erinnerungsprozess anzuwenden.

Die Sequenz beginnt mit der Nahaufnahme eines Treppengeländers, heraus stechen in dem kunstvoll verzierten Stahlgebilde bei genauerem Hinsehen zwei Davidsterne, wobei der linke Stern noch alle sechs Zacken besitzt, während dem rechten zwei Zacken fehlen. Langsam schwenkt die Kamera nach oben, nun ist Herr Zwilling, der auf der Treppe steht, aus einer leichten Untersicht zu sehen. Während das Geländer die untere Bildhälfte einnimmt, ist im linken unteren Bildrand ein Davidstern gut sichtbar. Nach einer kurzen Pause beginnt Herr Zwilling über das Gebäude und die Zerstörung der im Geländer eingelassenen Davidsterne zu sprechen:

> In den 50er Jahren haben die Russen die Zacken der Davidsterne abgesägt, damit nicht einmal in Erinnerung der Leute bleibt, dass das einmal das jüdische Haus war. Im Jahre 1996 hat unsere Organisation, die den Namen Elieser Steinbarg trägt, diese Zacken wieder angeschweißt und nur zur Erinnerung einige dieser Sterne, der abgehackten Sterne, zurückgelassen, damit man sieht, was in diesen Jahren vorgegangen ist.

Koepp fragt Herrn Zwilling kurz darauf nach den heutigen Besitzern des Hauses: »Und heute, wie viel von dem Haus gehört der jüdischen Organisation?« Herr Zwilling entgegnet: »Wir haben drei Zimmer und Samstag bekommen wir den kleinen Saal.« Nach einem Schnitt folgt eine Detailaufnahme, diesmal ist ein sechszackiger, wiederhergestellter Stern im

Bild zu sehen. Anschließend schwenkt die Kamera nach rechts, das Bild zeigt erneut einen abgesägten Stern, der nur noch vier Zacken besitzt.

Abgesägter Davidstern in *Herr Zwilling und Frau Zuckermann*

Die Davidsterne sind im Laufe des Films wiederholt zu sehen. Mehrmals kehrt die Kamera zurück zum Geländer, wohl nicht zuletzt, weil hier ein besonders prägnantes Beispiel für den Umgang mit der jüdischen Bevölkerung im und nach dem Zweiten Weltkrieg aufscheint (vgl. Osatschuk 2008, 189). Wie aber lässt sich die Sequenz mit dem erarbeiteten Begriffsinventar gewinnbringend analysieren und der hier vollzogene Erinnerungsprozess beschreiben?

Der Mythos aus synchroner Perspektive

Eine erste Möglichkeit führt über die synchrone Perspektive des Mythos als ein Zeichen zweiter Ordnung und erhellt den Semioseprozess, der mit Herrn Zwillings Erinnerungen verwoben ist. Untersucht man die Sequenz unter dem Blickwinkel eines angebotenen Zeichensystems, so ist zunächst eine Analyse auf Basis eines ersten semiologischen Systems lohnend und der Entstehungsprozess von Zeichen nachvollziehbar, der für

Erinnerungsprozesse unabdingbar ist. Mit dem Beispiel der Davidsterne liegt ein einfaches Zeichen vor, das als Bedeutendes aus der audiovisuellen Präsentation des Sterns im stählernen Treppengeländer besteht und auf Seite des Bedeuteten mit dem Begriff Davidstern[7] erfasst werden kann. In der Kombination beider entsteht das Zeichen und somit Sinn. Durch diese Zeichensetzung ist eine Bezugnahme zu den Davidsternen möglich, sowohl innerhalb des Films für Herrn Zwilling als auch darüber hinaus für den Zuschauer.

In einem zweiten Schritt lässt sich mit dem Mythos ein Zeichen zweiter Ordnung beschreiben, das für die Betrachtung des hier dargestellten Erinnerungsprozesses besonders interessant ist. Indem Herr Zwilling die Sterne in einen geschichtlichen Kontext setzt und den politischen Akt der Sabotage durch die russische Armee erläutert, entsteht ein Zeichen zweiter Ordnung. Während der Sinn des einfachen Zeichens ›geleert‹ wird und das Bedeutende identisch bleibt – Barthes spricht auf zweiter semiologischer Ebene von der Form – erweitert sich die Seite des Bedeuteten dramatisch und geht nicht mehr bloß in dem Begriff Stern auf, sondern ist mit Geschichte ›gefüllt‹. Das Zeichen zweiter Ordnung kann nun als Begriff für die Repression der jüdischen Bevölkerung in den 1950er Jahren oder sogar noch umfassender für das den Juden widerfahrene Unrecht in Europa vor, während und nach dem Zweiten Weltkrieg stehen. Mit Barthes gesprochen wird so »neue Geschichte in den Mythos gepflanzt« (Barthes 1964, 98). Der Begriff, in diesem Prozess intentional und situativ determiniert, weist über seine reine Zweckbedeutung hinaus und ist von Herrn Zwillings Erinnerung geprägt.

Mit dem Mythos ist so die Konstruktion und Bedeutungsverschiebung von Zeichen als Möglichkeit der Bezugnahme auf Erinnerung in den einzelnen Zeichenkomponenten nachvollziehbar, wobei die Festlegung der Bedeutung vom Produzenten, im Beispiel von Herrn Zwillings Ausführungen, abhängig bleibt. Ob die abgesägten Davidsterne aber

---

7   Da es sich um einen Davidstern handelt, der fest im gesellschaftlichen Kontext der jüdischen Religion verankert ist, könnte man auch argumentieren, dass bereits vor der Zuschreibung im genannten Beispiel ein Mythos vorliegt, der Stern also bereits auf einer zweiten semiologischen Ebene für die jüdische Bevölkerung stehen kann. Zur exemplarischen Verdeutlichung der Mythosbildung aber soll diese Annahme ausgeklammert werden, widerspricht sie doch keineswegs der angeführten Entstehung des Mythos.

lediglich für die Sabotage der Russen stehen, wie Herr Zwilling ausführt, oder darüber hinaus für das widerfahrende Unrecht der Juden in Europa, bleibt dem Interpretanten des Zeichens überlassen, eine Rolle, die im Rahmen des Films auch dem Zuschauer zukommt und über den Mythos hinausweist.

Mit Zeichen und Mythos ist insbesondere eine synchrone Betrachtung von Bedeutungskonstruktion möglich, die nicht nur als Voraussetzung für die Kommunikation über die Dingwelt, sondern darüber hinaus auch als Möglichkeit für Vergangenheitsbezüge und Erinnerungsprozesse fungiert. Zu differenzieren ist neben dem produktionsseitigen Fokus auf die Mythosbildung jedoch auch das Bedeutende, also die Form des Mythos. Die Davidsterne sind in ihrer Form an die filmische Darstellung gebunden. Die Form geht keinesfalls in der Materialität der Sterne als direkt vorliegender Gegenstand auf, also aus dem Stahl des Geländers, sondern in einer spezifisch filmischen Darstellung. Die Form des Mythos hängt also unabdingbar vom Film ab, eine Feststellung, die erst über die Begriffe von Spur und Medium genauer untersuchbar ist.

Der Mythos aus diachroner Perspektive

Weiter ist es möglich, an den Mythos mit Jan Assmann aus diachroner Perspektive anzuknüpfen. Wie bereits ausgeführt, gerinnt für Assmann Geschichte stets in festen Objektivationen. In diesem Akt der Sinnstiftung transformiert erinnerte zu fundierender Geschichte, bringt durch Tradierung als semiotischen Akt der Sinnzuschreibung die Mythen hervor, die anschließend in das kulturelle Gedächtnis übergehen und zur Identitätsbildung beitragen, um »eine Gegenwart vom Ursprung her zu erhellen« (Assmann 2007, 52). Während mit dem Mythos nach Barthes also die Analyse einzelner Komponenten bei der Zeichenbildung möglich ist, kann der Mythos als Erinnerungsfigur bei Assmann in seiner Funktion als Träger von Geschichte, in seiner Wichtigkeit und Beständigkeit für das kulturelle Gedächtnis ausgedeutet werden. Mit Assmann werden so die normative Kraft und die Konstanz der Form relevant und damit die Frage, wie lange die entstandenen Erinnerungsfiguren als Teil des kulturellen Gedächtnisses fungieren können, wie wichtig sie für die Identitätsbildung sind. Auf das vorliegende Beispiel bezogen, eröffnet sich eine weiterführende Frage: Wenn die abgesägten Davidsterne und die in ihnen

›geronnene‹ Geschichte in ein kulturelles Gedächtnis einfließen, wie stark tragen sie zur Identitätsbildung bei?

So weist die Perspektive auf die Wichtigkeit von konstanten Formen hin, den »hohen Grad an Geformtheit« (Assmann 2007, 56) und die »festen Objektivationen« (ebd.), auf deren Basis sich überhaupt erst individuelles und kollektives Erinnern vollziehen kann, Identitätsbildung erst möglich ist. Wenn es keine Davidsterne als Voraussetzung für eine konstante Form mehr gibt, in festen Objektivationen keine Geschichte mehr gerinnen, Erinnerung also nicht mehr im Mythos zu Geschichte werden kann, ist auch das kulturelle Gedächtnis und mit ihm Identitätsbildung und Vergangenheitsbezug bedroht.

Spur als Zeichen und Zeichen als Spur

Eine dritte zeichentheoretische Annäherung ermöglicht die Spur. Liest man die vorliegenden Zeichen über den Modus der Spur, erhalten Produktion und Rezeption des Zeichens besondere Relevanz. Deutet man die Davidsterne als Spuren, sind sie in einer ersten Annahme »unwillkürliche Hinterlassenschaften« (Kessler 2012, 50), die sich weder aktiv erzeugen noch zum Bezeichnen verwenden lassen. Vielmehr muss die Spur als solche erst identifiziert und gedeutet werden, bevor sie im Sinne einer *Spur als Zeichen* interpretiert werden kann. Erst das intentionale Auffinden und Identifizieren eines Gegenstandes als Spur ermöglicht im nächsten Schritt die Entstehung eines Zeichens. In genanntem Beispiel muss Herr Zwilling die Sterne erst gegenüber den anderen ihn umgebenden Dingen *als Spur* identifizieren, die auf etwas verweisen kann, um *danach* Erinnern zu können und schließlich Erinnerung und Gegenstand zu verbinden. Erst nachdem die Spur identifiziert, ihre Polysemie aufgelöst und durch Herrn Zwillings Erinnerung die Bedeutung festgelegt ist, kann das Zeichen hervorgebracht werden.

In der Wendung dieser Perspektive lässt sich hingegen argumentieren, dass Herr Zwillings Erinnerung schon vor der Verbindung mit den Davidsternen existiert. Letztere fungieren dann vielmehr als Gegenstände, denen eine bereits vorhandene Erinnerung ›eingepflanzt‹ wird, weil sie sich in ihrer vorhandenen Bedeutung bereits *vor dem Erinnern* dafür eignen. In diesem Fall stehen die Davidsterne bereits als Zeichen in Zusammenhang mit dem Judentum, durch die Verknüpfung mit der Erinnerung aber können sie erst mit neuer Bedeutung versehen und als Spuren ausgedeutet werden.[8] Die Betrachtungsseiten von *Spur als Zeichen* und *Zeichen als Spur* schließen sich dabei keinesfalls aus, sondern bedingen sich gegenseitig:

> Tatsächlich also werden Spuren als solche nicht *entweder* erzeugt *oder* aufgefunden; vielmehr hat man es hier mit einer Figur des *Sowohl-als-auch* zu tun. Aber erst die Hinzunahme dieser Perspektive, aus der die *Spur* nicht *als ein Zeichen*, sondern das *Zeichen als Spur* betrachtet wird, kann genau die »Stelle« des *Sowohl-als-auch* angeben: Was auf Seiten der *Spur als Zeichen* als ein nicht-intentionales Hinterlassen-Werden erscheint, erweist sich zugleich auf der Seite des *Zeichens als Spur* als intentionales Erzeugt-Werden. (Kessler 2012, 52)

Während der Mythos also lediglich eine eindimensionale Analyse der Zeichenbildung ermöglicht, kann mit der Spur die zirkuläre Struktur der Semioseprozesse expliziert werden. Im Modus *Spur als Zeichen* ist die Bedeutung verstehbar als »etwas *Nachträgliches*, der Spur im *Nachhinein Zugesprochenes*« (ebd.), die Spur somit Auslöser von Semioseprozessen, an deren Ende ein Zeichen entsteht. Im Modus *Zeichen als Spur* hingegen ist es umgekehrt. Das bereits vorhandene Zeichen ist erst durch seine bereits vorhandene Bedeutung geeignet, um als Spur verstanden und mit Erinnerung verbunden zu werden, fungiert demnach als Ergebnis von Semioseprozessen. Die Spur aus zeichentheoretischer Perspektive ist weiter auch deshalb interessant, weil sie die Rolle des Interpretanten bei der Entstehung von Zeichen in doppelter Hinsicht berücksichtigt. Der Modus *Spur als Zeichen* denkt bei der Auslösung der Semioseprozesse den Interpretanten als Erzeuger von Zeichen mit. Erst wenn ein Interpretant die Spur als solche erkennt, mit neuer Bedeutung versieht und sie zum Zeichen ›erklärt‹, ist Kommunikation überhaupt möglich. Gleiches gilt für die gewendete Perspektive, die nur über Selektion der bereits vorhandenen Zeichen und Bedeutungsverschiebung durch eine ›Einpflanzung‹ von Erinnerung gedacht werden kann. Inwiefern also die gezeigten Davidsterne als Spur erkannt, mit der Erinnerung in Verbindung gesetzt werden können, hängt von Herrn Zwilling als Interpretanten ab und macht seine Rolle im Semioseprozess beschreibbar. Die Argumentation klammert

---

8   Die Implementierung von neuer Bedeutung zeigt die Überschneidungen zum Mythos als zweites semiologisches System und verbindet beide Begriffe an dieser Stelle.

jedoch aus, dass die angesprochenen Semioseprozesse im Film stattfinden und mit dem Zuschauer eine weitere interpretierende Instanz hinzukommt. Nicht nur Herr Zwilling ist im Film an der Identifizierung von Spuren und der Erzeugung von Zeichen beteiligt, auf einer zweiten Ebene ist es auch der Zuschauer des Films. Hier deutet sich das reflexive Moment der in den Filmen geleisteten Erinnerungsarbeit an, auf das ich im Rahmen der umfassenden Analyse im Anschluss noch zurückkommen möchte. Über die Spur, so zeigt sich hier exemplarisch, ist die Thematisierung von Interpretanten erst anschlussfähig an die Diskussion über die medialen Zugänge zu Erinnerung.

Apparat und Spur des Mediums

Aus medientheoretischer Perspektive erweisen sich weiter die mit Krämer dargelegten Begriffe Apparat und Spur sowie Kesslers Differenzierung von Spur als Modus für die Betrachtung von Medien als anschlussfähig. Wie gezeigt, gewinnen medientheoretische Fragen bei jeglicher Thematisierung von Erinnerung, aber auch für die zeichentheoretische Auseinandersetzung, wie zuvor in Zusammenhang mit der Form des Mythos gezeigt, an Relevanz. Eine argumentative Annäherung an die Medialität von Erinnerung gelingt zunächst über den Apparat. So lässt sich über den Apparat, der eine Botschaft nicht nur hervorbringt, sondern durch seine eigene mediale Spezifik entscheidend prägt, die welterzeugende Funktion verstehen. Für die Sequenz heißt dies, dass die Davidsterne für den Zuschauer nicht über den Gegenstand, als Teil des Treppengeländers, behandelbar sind, sondern über ihre audiovisuelle Darstellung im Film. Die Davidsterne sind für den Zuschauer Teil der über den Apparat erzeugten Welt als ein Modell für kulturelles Gedächtnis, dessen mediale Beschaffenheit auch die (konstante) Form des Mythos bestimmt. Während die zeichentheoretischen Perspektiven von Mythos und Spur die synchrone Betrachtung und die zirkuläre Struktur der Zeichenbildung nachvollziehbar machen und der Mythos als Erinnerungsfigur eine diachrone Perspektive auf dessen Funktion im Rahmen eines kulturellen Gedächtnisses erlaubt, ist über die welterzeugende Funktion des Apparates eine Befragung der medialen Beschaffenheit als Voraussetzung für die Form der Zeichen anschließbar. Darüber hinaus ist auch die mediale Prägung der ihnen angeschlossenen Bedeutungen, der damit verbundenen Erinnerungen und Vergangenheitsbezüge erklärbar.

Zu einer detaillierten Analyse der medialen Prägung ist die Spur aus medientheoretischer Perspektive für die filmanalytische Arbeit ergiebig. Bei medientheoretischer Anwendung der Spur ist nicht mehr die Aussagekraft der Zeichen im Fokus, also die Frage, wie Spur (oder Mythos) Bedeutung transportieren, wie diese Bedeutung erzeugt ist, sondern deren mediale Geformtheit, im Beispiel die filmische Darstellung und die damit verbundene spezifisch mediale Struktur.

Die Spur als Medium, Spur als Zeuge

Kessler schließt für ihre Perspektive der Spur als Medium an die welterzeugende Funktion der Medien nach Krämer an: »Als Medien ermöglichen Spuren die Wahrnehmung von etwas, das sich ohne Spur nicht erfahren ließe [...]. Mit anderen Worten: *Als Medien konstruieren Spuren Wirklichkeiten*« (Kessler 2012, 68). Weiter definiert sie den medialen Status der Spur über ihre Funktion als Mittler und Scharnier, da die Spur »zwischen Anwesenheit und Abwesenheit, Gegenwart und Vergangenheit, Sichtbarkeit und Unsichtbarkeit ›vermittelt‹« (ebd.). Obwohl sich die Begriffsverwendung des Mittlers angreifen lässt, unterscheidet etwa Müller-Funk gerade Mittler und Medium, da letzteres einen Bedeutungsüberschuss generiert und eben nicht als neutrales Organon fungiert, ist doch die vermittelnde Funktion zwischen den genannten Begriffen auf die Sequenz übertragbar: Herr Zwilling erinnert sich über die Davidsterne, und über den Film werden die Erinnerungen dem Zuschauer zugänglich. Die Spuren als Medien sind demnach verstehbar als Scharnier zwischen der Vergangenheitsversion von Herrn Zwilling und den darin geschilderten abwesenden, unsichtbaren Ereignissen und der Gegenwart als Moment der Erinnerungselaboration, auf einer zweiten Ebene zudem zwischen der Erinnerungselaboration und der Zuschauerrezeption. Weiter scheint die Spur zwischen den anwesenden, sichtbaren Hinterlassenschaften und den abwesenden Dingen, Personen und Ereignissen zu vermitteln, die Herr Zwilling durch seine Erinnerung aufruft. Problematisch an dieser Annäherung ist jedoch erneut die genaue Lokalisierung der Medien: Wenn die Medien als ein Scharnier *zwischen* Sichtbarkeit und Unsichtbarkeit, Anwesenheit und Abwesenheit verstanden sind, dann können kaum die

Davidsterne selbst bereits als Medien definiert werden, sondern vielmehr als die das Zeichensystem (und damit die Davidsterne als Teil dieses Zeichensystems) vorkonfigurierende Struktur, die eben nicht sichtbar ist und aus der heraus erst die Davidsterne als Spuren und Zeichen verstanden werden können. Die Spur als Medium, so ließe sich präzisieren, oszilliert zwischen Unsichtbarkeit und Sichtbarkeit gerade im Sinne von Gegenständlich-Fassbarem und Nicht-Wahrnehmbarem und verhindert eine einfache Lesart der Davidsterne als sicht- und fassbare Medien. Kessler grenzt mit diesem Status des oszillierenden Dazwischen die Spur von prominenten Medien wie dem Film, der Photographie oder dem Bild ab:

> Sie [die Spuren – Einfügung M. P.] selbst überführen kein Abwesendes in Anwesenheit, machen nicht selbst schon das Nicht-Wahrnehmbare wahrnehmbar, und sie rufen auch kein Sichtbares in Erscheinung. Spuren selbst bilden nur das *Material* zur Rekonstruktion, die Rekonstruktion selbst, d.h. die eigentliche Vermittlung obliegt allein dem Rezipienten. (Kessler 2012, 68)

Kesslers Vorstellung der Spur als Medium erscheint insofern verwandt mit Luhmanns Medientheorie, in der Medien nur die strukturelle Voraussetzung für die Herausbildung von Zeichen durch den Rezipienten sind. Anders als prominente Medien aber sind Spuren für Kessler bei der Vermittlung von Botschaften in ihrer starken Abhängigkeit vom Rezipienten »unfertige, unvollständige, mangelhafte, verblasste, fragmentarische, kaum noch lesbare, defizitäre Texte« (ebd.), ihr Erkenntnisgewinn demnach sehr gering. Vielmehr seien die Spuren mehr oder weniger verlässliche Zeugen und Zeugnisse von Relevanz, indem sie »[e]*twas* in seiner Existenz oder Realität [...] *bezeugen*« (ebd., 70). Die Rolle der *Spuren als Zeugnisse* hingegen, so möchte ich in Zusammenhang mit der Photographie als medialem Erinnerungszugang an späterer Stelle noch aufzeigen, nimmt eine enorm wichtige Position ein.

Doppelte mediale Prägung

Weiter verkomplizierend ist dieser Argumentation folgend die doppelte mediale Prägung der Erinnerung.[9] Der Zuschauer ist nicht wie Herr

---

9 Bei dieser doppelten Prägung ist die Verbalsprache als Zugang zum besseren Verständnis zunächst ausgeklammert, ist doch die Erinnerung auf die

Zwilling direkt mit der Spur als Medium konfrontiert, sondern der Zugriff auf die Spur wird noch einmal durch den Film ›gebrochen‹, der Film wiederum in der von Kessler angeführten Definition in Abgrenzung zur Spur verstanden. Die Spuren sind demnach nur durch den Film zugänglich, eine doppelte mediale Prägung, die Kesslers Mediendefinition und auch die Erzeugung von Wirklichkeiten über die Spuren problematisch macht. Die von den Spuren erzeugte Wirklichkeit ist für den Zuschauer lediglich über den Film verstehbar, der wiederum eine Wirklichkeit und eine damit verbundene Botschaft konstruiert, an der sich die Spur des Mediums bewahrt. Als Zuschauer ist also ein Zugriff auf die Medialität und Materialität der Spur *nicht unmittelbar* möglich, sondern nur *mittelbar* über den Film, der eine *unmittelbare* Präsenz der Spuren lediglich behaupten kann. Kessler spricht in diesem Zusammenhang von der »Inszenierung von gefühlten Ummittelbarkeitserfahrungen durch Medien« (Kessler 2012, 80).

Die Perspektive der Spur als Medium ermöglicht demnach weniger eine genauere Mediendefinition für die weitere Analyse, sondern liefert eine argumentative Präzisierung dessen, was in Zusammenhang mit Medien überhaupt analysierbar ist. Die Spuren im Film können vom Zuschauer demnach nicht *als Medien* untersucht werden, sondern nur *über eine medientheoretische Perspektive* in ihrer Funktion als medialer Zugang zu Erinnerung.

(Selbst-)referenzielle Reflexion

Der Erkenntnisgewinn ist dabei direkt an die filmische Reflexion über diesen Zugang, seine Eignung zur Identitätsbildung an die im Film vorgestellten Personen gebunden. Zwischen Film und medialen Zugängen entsteht so zwangsläufig eine Relation medialer Konfigurationen, die den Begriff Intermedialität auf den Plan ruft. Jens Schröter teilt den Begriff in vier unterschiedliche Typen auf, wobei die »transformationale Intermedialität« (Schröter 1998, 144) auf die hier vorliegende Relation aufmerksam macht:

Verbalisierung angewiesen. Folgt man dieser Argumentation, ließe sich sogar von einer dreifachen medialen Prägung sprechen. Auf die Relevanz der Sprache möchte ich jedoch erst in der Thematisierung der medialen Zugänge zurückkommen.

Die intermediale Beziehung besteht dann darin, daß ein Medium ein anderes repräsentiert. Vorweggeschickt werden müßte, daß es fraglich ist, ob hier von Inter-Medialität gesprochen werden kann, da schließlich ein Artefakt eines bestimmten Mediums (z.b. ein Film) ein anderes Medium (wie z.b. ein Gemälde) nicht als Anderes enthält, sondern es repräsentiert. Ein Gemälde in einem Film oder ein Gebäude auf einem Photo sind kein Gemälde oder Gebäude mehr, sondern integraler Teil des sie repräsentierenden Mediums – sie werden repräsentiert wie andere Objekte auch. Insofern wäre das Photo eines geschriebenen Textes kein Träger einer intermedialen Beziehung, sondern ein Photo, das referenziell auf einen Text verweist. (Schröter 1998, 144)

Leistbar ist demnach nicht ein Vergleich von Medialität, Materialität oder Medien *im Film*, eine Unternehmung, die ohnehin den Rahmen dieser Studie um ein Vielfaches sprengen würde, sondern nur die Feststellung, *dass* Medien als Zugänge eine wichtige Rolle bei Erinnerungsprozessen spielen können. Ihre mediale Beschaffenheit aber ist nur über den Film als Vergleichspunkt und Ort der Reflexion zur Betrachtung geeignet, also beschränkt auf die Abgrenzungen und Gemeinsamkeiten, die der Film vorgibt. Ist aber die mediale Prägung abhängig vom repräsentierenden Medium[10], erscheint auch für Schröter die Bezeichnung Intermedialität problematisch, ist doch eine Aussagekraft über Medialitäten jenseits des Films kaum möglich, demnach keine inter-mediale, sondern vielmehr eine referenzielle Beziehung zu untersuchen. Eine Photographie enthält den geschriebenen Text nicht, sondern die Photographie repräsentiert den Text und kann damit nur referenziell auf ihn verweisen. Gleiches lässt sich für die medialen Zugänge festhalten, die in der exemplarischen Sequenz einen Zugriff auf die Davidsterne ermöglichen. Diese sind nicht über eine eigene Medialität zu beschreiben, sondern nur hinsichtlich der Medialität des Films, über die Perspektive der Spur des Mediums. Die Davidsterne sind ›ausformulierte‹ Mythen oder Spuren, in ihrer Form nicht an die Materialität des Treppengeländers gebunden, *für den Zuschauer* im Moment der Rezeption nicht aus Stahl oder Holz, sondern im Film re-präsentiert; sie verweisen somit referenziell auf die Davidsterne im Treppengeländer des jüdischen Hauses in Czernowitz.

---

10 Schröter verwendet den Begriff Medium ohne ihn genauer auszuführen oder zu präzisieren. Seine Argumentation ist dennoch ergiebig für die Präzisierung der medialen Relationen.

Der Film ist demnach Ort der Re-Präsentation sowie der Reflexion über die Möglichkeit medialer Zugänge und bietet in dieser Reflexion auch die Möglichkeit, die eigene Relevanz für Erinnerungsprozesse nachzuvollziehen, wie auch Schröter betont:

> Ein Medium verweist auf ein anderes – es kann das repräsentierte Medium dadurch kommentieren, was wiederum interessante Rückschlüsse auf das »Selbstverständnis« des repräsentierenden Mediums zuläßt. Und es kann das repräsentierte Medium auf eine Art und Weise repräsentieren, die dessen lebensweltliche, »normale« Gegebenheitsweise verfremdet oder gleichsam transformiert. (Schröter 1998, 144)

Christina Scherer behandelt die Selbstreflexivität und Selbstreferenzialität von Experimentalfilmen und folgert darauf den Begriff von »reflektierter Intermedialität« (Scherer 2000, 30), den sie mit Ähnlichkeit zu Schröters transformationaler Intermedialität als die »Suche nach den Konstituenten des Films im Vergleich und in Konkurrenz mit anderen Künsten« (ebd.) versteht. Da der Begriff Intermedialität aber hier unpräzise bleibt, möchte ich im weiteren Verlauf von (selbst-)referenzieller Reflexion sprechen, verweist der Film als Ort der Reflexion doch sowohl auf die in ihm repräsentierten medialen Zugänge als auch auf sich selbst als mediale Konfiguration, in dem die Reflexion stattfindet.

Als Objekt der Analyse bleibt demnach der Film, dessen Medialität im Sinne der Spur des Mediums, die an der Botschaft haftet. Diese ermöglicht jedoch nicht eine direkte Analyse der Spuren *als Medien*, die der medialen Prägung des Films untergeordnet bleiben. Eine Mediendefinition ist aufgrund der verkomplizierenden medialen Prägung ohnehin fragil und problematisch, weshalb ich von der Verwendung der Perspektive von Spur als Medien absehen und stattdessen von medialen Erinnerungszugängen sprechen möchte, die sich besser für die Analyse eignen und über ihre Funktion im gedächtnismedialen Kontext einer präziseren Definition nahe kommen.

Mediale Erinnerungszugänge statt Medien

Im Folgenden möchte ich erneut auf die medienwissenschaftlichen Überlegungen von Zierold zurückgreifen, der den kulturwissenschaftlichen Medienbegriff und die einhergehende Gedächtnismetaphorik kritisiert. Die Gedächtnismedien und das Speichergedächtnis nach Assmann lehnt er ab und ersetzt sie mit der Vorstellung eines Fundus von gesellschaftlichen Erinnerungsanlässen, auf die sich Erinnerungen gegebenenfalls beziehen können (vgl. Zierold 2006, 132). Die von Kessler im Modus Spur als Medium beschriebenen Phänomene zählt Zierold demnach nicht zu den Medien, sondern versucht ihnen über die doppelte Funktion im Kontext von Erinnerungsanlässen Kontur zu verleihen:

> Sie [die Medienangebote – Einfügung M. P.] können selbst Resultate von Erinnerungsprozessen sein und formulieren oftmals, was gesellschaftlich als relevante Voraussetzungszusammenhänge angesehen werden soll. In der Rezeption durch Aktanten »sind« Medienangebote aber nicht Erinnerungen, sie können nur wiederum in der Nutzung als Erinnerungsanlässe dienen. Erinnerungsanlässe sind auf der gesellschaftlichen Ebene somit zweifach perspektivierbar: In der Regel muss zunächst eine Instanz (ein Aktant oder eine Gruppe von Aktanten) einen ersten Erinnerungsanlass nutzen, um eine Erinnerungselaboration zu formulieren und medial zu lancieren, der dann, um systemweit als verbindlich gelten zu können, von den Rezipienten als Erinnerungsanlass angenommen werden muss. Somit kommt den Medien eine wichtige Rolle in der Bereitstellung von gesellschaftlichen Erinnerungsanlässen zu. Ihre Funktion als »Gatekeeper« auch in diesem Kontext unterstreicht zugleich ihre erinnerungspolitische Bedeutung in der Gesellschaft. (ebd., 139)

Zierolds Terminologie ist erkennbar in der Systemtheorie und nahe den Überlegungen Luhmanns verortet. Heraus sticht in den Ausführungen die Verbindung zu der zirkulären Struktur der Spur. Die Nutzung der Erinnerungsanlässe durch Aktanten ist vergleichbar mit der Erzeugung und Nutzung von Spuren als Zeichen durch den Interpretanten, über die Erinnerungselaborationen möglich werden. Gleichermaßen können Spuren als Resultate von Erinnerungsprozessen gesellschaftlich relevante Voraussetzungszusammenhänge bilden. Dieser Voraussetzungszusammenhang lässt sich an die gewendete Perspektive des Zeichens als Spur anschließen: Die Zeichen eignen sich bereits für die Verbindung mit Erinnerungen und werden anschließend als Spuren ausgedeutet. Die Erinnerungszusammenhänge beschreiben dabei eine ähnliche diachrone Funktion wie der Mythos bei Barthes und gehen in der erinnerungspolitischen Bedeutung für die Gesellschaft auf. Die Medienangebote[11], so möchte ich

---

11 An dieser Stelle scheint das bereits erwähnte Mehrebenenmodell wieder auf, dass auch Erll für die kulturwissenschaftliche Forschung vorschlägt. Wie in der

argumentieren, stellen demnach Erinnerungsanlässe erst her. Hier ist Zierolds Argumentation von der medialen Nutzung unpräzise, denn ein direkter Bezug auf die Medien ist nicht gegeben, sondern nur auf die von Medien bereitgestellten Zeichen, die über Spur und Mythos im Detail beschrieben werden können. Die Medien scheinen vielmehr die vorgeschaltete Voraussetzung dafür, dass die Spuren aufgefunden, erzeugt und in Zusammenhang mit Zeichenbildung in ihrer zirkulären Struktur verstanden werden können. So konstatiert auch Jens Ruchartz bei der Untersuchung von Photographie und Film: »Das Medium ist [...] keineswegs selbst Spur, sondern nur eine technisierte und standardisierte Möglichkeit, dauerhafte Spuren zu erzeugen« (Ruchartz 2004, 89). Die Davidsterne sind daher weniger über eine Definition von Medien zu verstehen, sondern über Spuren und Mythen für die Erinnerungsprozesse ausdeutbar, aus medialer Perspektive als deren strukturelle Voraussetzung zur Herausbildung von Erinnerungsanlässen.

Aus medientheoretischer Sichtweise bleiben demnach zwei mögliche Perspektiven verwendbar: Zur Analyse ist der Modus Spur des Mediums anwendbar, der den Erinnerungsanlässen anhaftet, allerdings nur die spezifisch filmische Spur untersuchbar, also eine spezifisch filmische Medialität, die formgebend wirkt als der mediale Zugang, der Spur und Zeichen ermöglicht. Für das hier gewählte Beispiel heißt dies: Die Davidsterne sind als Erinnerungsanlass, als Spuren und Mythen unter zeichentheoretischer Perspektive ausdeutbar. Das Medium aber ist weder definierbar noch lokalisierbar abseits seiner Funktion als Voraussetzung für die Erinnerungsprozesse, als *medialer Zugang zu Erinnerung*. Die Medien sind also vielmehr über ihre Funktion als Zugang und in ihrer Rolle für den Anlass für Erinnerungsprozesse, als Gatekeeper zu verstehen.

Die Davidsterne als Spur und Mythos zeugen also vielmehr von einem medialen Zugang zu Erinnerung selbst als ausreichende Hinweise auf ein Verständnis des Mediums zu liefern. Einzig der Film ist über seine Medialität, also die spezifisch filmische Prägung der Botschaft, als *Spur des Mediums* analysierbar. Als verwendbares Begriffsinventar bleiben nach dieser exemplarischen Sequenzanalyse aus zeichentheoretischer Perspektive

---

Argumentation aber gezeigt wird, ist weniger die Analyse dieser einzelnen Komponenten für diese Studie von Relevanz, sondern vielmehr die Funktion der Medienangebote als Anlass und Resultat von relevanten Erinnerungen.

also die Spur und der Mythos (letzterer aus synchroner Perspektive nach Barthes und aus diachroner nach Assmann) sowie aus medientheoretischer Perspektive die medial hervorgebrachten Erinnerungsanlässe im Sinne medialer Zugänge zu Erinnerung und die ihnen anhaftende Spur des Mediums Film zur weiteren Verwendung übrig.

5. Mediale Erinnerungszugänge und die Frage nach den Räumen

Nach der ausführlichen Begriffsbestimmung und der Prüfung des entwickelten Begriffsinventars möchte ich mich nun im Detail den medialen Erinnerungszugängen in Koepps Czernowitz-Filmen widmen. Wie bereits angedeutet, entfalten die beiden Filme *Herr Zwilling und Frau Zuckermann* und *Dieses Jahr in Czernowitz* ein breites Spektrum an medialen Zugängen.

Nähert man sich jedoch den verschiedenen medialen Zugängen, so stellt sich die Frage, wie und ob diese Zugänge voneinander getrennt analysierbar sind. Bereits ihre Abhängigkeit von der filmischen Darstellung deutet auf die komplizierte Verschränkung hin, wobei bereits in der exemplarischen Sequenz eine Komplexitätsreduktion zum besseren Verständnis notwendig war. Wie also die medialen Zugänge ordnen und besprechen? Ich möchte mit einer eng an die Filmanalyse gebundenen Vorgehensweise behaupten, dass eine strikte Trennung der Erinnerungszugänge ebenso wenig sinnvoll erscheint wie ein Versuch der Auflistung oder lexikalischen Kategorisierung. Ich möchte mich vielmehr einer Auseinandersetzung mit medialen Erinnerungszugängen widmen, die auf den Film als Ort der referenziellen Reflexion zurückweisen. Eine weitere Auseinandersetzung mit dem Film als ein Modell für kulturelles Gedächtnis kann, so möchte ich weiter behaupten, nur über eine räumliche Metaphorik gelingen. Aleida Assmann leitet ihren Aufsatz *Zur Metaphorik der Erinnerung* mit dem Satz ein: »Wer über Erinnerung spricht, kommt dabei nicht ohne Metaphern aus« (Assmann 1991, 13). Assmann nennt folgerichtig ihr Buch über die Formen und Wandlungen des kulturellen Gedächtnisses *Erinnerungsräume*. Jede Artikulation über Gedächtnis, so hält Assmann fest, ist immer schon mit der Idee einer räumlichen Anordnung verbunden:

> Seit der antiken Mnemotechnik, jener Lehre, die das notorisch unzuverlässige natürliche Gedächtnis mit einem zuverlässigen, artifiziellen Gedächtnis implementierte, besteht eine unverbrüchliche Verbindung

zwischen Gedächtnis und Raum. Der Kern der *ars memorativa* besteht aus »imagines«, der Kodifizierung von Gedächtnisinhalten in prägnanten Bildformeln, und »loci«, der Zuordnung dieser Bilder zu spezifischen Orten eines strukturierten Raumes. Von dieser topologischen Qualität ist es nur ein Schritt zu architektonischen Komplexen als Verkörperungen des Gedächtnisses. Es ist der Schritt von Räumen als mnemotechnischen *Medien* zu Gebäuden als *Symbolen* des Gedächtnisses. (Assmann 1991, 158)

Ungeachtet der problematischen Setzung von Medium und Symbol beschreibt Assmann hier die unverzichtbare Relevanz von Räumen auf zwei Ebenen: Einerseits als elementar wichtiges Hilfsmittel, um Gedächtnisse durch den Gebrauch von Raummetaphern in ihrer Struktur beschreiben zu können. Andererseits aber auch für die Lokalisierung und Zuordnung von Gedächtnisinhalten sowie die Setzung von Sinn *in und über* Räume. Jede Setzung von Bedeutung, so kann aus Aleida Assmanns Formulierung gefolgert werden, kann nur über den Raum gelingen und daher auch jede Thematisierung von Geschichte als medial erzeugte Erinnerungsversion. Jan Assmann konstatiert in Zusammenhang mit seinem Konzept des kulturellen Gedächtnisses: »Das Gedächtnis braucht Orte, tendiert zur Verräumlichung« (Assmann 2007, 39). Karl Schlögel, auf dessen Versuch einer topographischen Geschichtsschreibung ich noch zurückkommen möchte und der sich dezidiert für eine Hermeneutik des Räumlichen ausspricht, plädiert zu Beginn seines Buches *Im Raume lesen wir die Zeit* sogar für die »Räumlichkeit aller menschlichen Geschichte« (Schlögel 2011, 9).

Aus dieser Setzung muss folgen, dass auch jedes Verständnis über die Involvierung des Medialen in Erinnerungen und Gedächtniskonstruktionen nicht ohne den Begriff Raum auskommen kann, sei es als konkreter Ort, der Erinnerungsprozesse ermöglicht, oder im metaphorischen Gebrauch für das Gedächtnis, an dem Erinnerungsinhalte zusammenfinden und lokalisierbar sind, und als Ort, der Reflexion über die Funktionsweise von Erinnerungsprozessen und die Identitätsbildung über kollektive Gedächtnisstrukturen erst beschreibbar macht.

Für die angeführten medialen Erinnerungszugänge möchte ich auf eine Erinnerungsmetaphorik zurückgreifen, die Jan und Aleida Assmann wiederholt nutzen: das (archäologische) Ausgraben und die Vorstellung vom Abtragen der Erinnerungsschichten. Die angesprochene Metaphorik entwickelt Aleida Assmann entlang der psychoanalytischen Argumentation Sigmund Freuds und des britischen Schriftstellers Thomas De

Quincey. Während Freud die Metapher der Ausgrabung aus der Archäologie entlehnt, um mit ihr ein Offenlegen von Traumata und ›verschütteten‹ Erinnerungen zu beschreiben, sie also als »Anteil der (Re-)Konstruktion in der Erinnerungsarbeit der Psychoanalyse« (Assmann 2009, 162) versteht, dient De Quincey die Vorstellung von Erinnerungsschichten zur Thematisierung von Unzugänglichkeit und Unzuverlässigkeit für Gedächtnismodelle, indem die Erinnerungsschichten »sich überlagern und damit begraben scheinen, in Wirklichkeit jedoch unerloschen konserviert werden« (ebd., 163). Für die hier entwickelte Debatte um den Film als kulturelles Gedächtnismodell lässt sich zwar weder die Erhaltung einer in den Erinnerungsschichten konservierten Bedeutung halten, noch die Idee, diese müssten lediglich freigelegt und aufgegriffen werden. Dennoch verweisen beide mit ihrer räumlichen Metaphorik auf eine wichtige Komponente von Gedächtnismodellen: die Tiefe. Erst in der Analyse von sich überlagernden Erinnerungsschichten ist eine Annäherung an Erinnerung möglich, so suggerieren es beide Positionen, die Jan und Aleida Assmann, beide selbst Archäologen, mit der Metapher des Grabens zusammenführen:

> Die Aktivität des Grabens bezieht sich nicht nur auf Erdschichten. Der Philologe wird zum Komplizen der Archäologen; beide verstehen sich als Widersacher der Zeit und Virtuosen der Erinnerung. Sie heilen an Monumenten und Texten die Wunden, die die Zeit geschlagen hat. (Assmann 1991, 28)

Diese Metaphorik lässt sich, wie ich behaupten möchte, auch auf die Auseinandersetzung mit den medialen Erinnerungszugängen erweitern. Nicht nur die Erinnerungen müssen abgetragen werden, auch die Aussage über das Potenzial des Films, in der Debatte um medialisierte Erinnerung einzugreifen, kann nur über eine Abtragung der im Film thematisierten medialen Erinnerungszugänge an Prägnanz gewinnen.

5.1 »Jüdisches Leid bindet« – Sprache als Notwendigkeit für Erinnerung

Zunächst möchte ich auf eine Sequenz zurückgreifen, die bereits anfangs der Diskussion um mediale Zugänge angerissen wurde und die, ähnlich einem Prolog, in die Geschichte der jüdischen Bevölkerung in und um

Czernowitz einführt sowie die titelgebenden Herrn Zwilling und Frau Zuckermann direkt nach der Einblendung des Filmtitels vorstellt.

Die erste Einstellung, der Film behält diese bis zu einer Nahaufnahme von Frau Zuckermann für über vier Minuten bei, führt Herrn Zwilling und Frau Zuckermann ein. Erster bestimmt die linke Bildhälfte und ist in eine von ihm in der Hand gehaltenen Zeitung vertieft, während Frau Zuckermann in einem Liegestuhl lehnend die rechte Bildhälfte einnimmt. Aus dem Off unterbricht die Stimme von Koepp die Ruhe und richtet sich an Herrn Zwilling, fragt diesen, welchen Artikel er gerade liest. Herr Zwilling antwortet, es handle sich um einen Artikel von Frau Zuckermann, dreht dabei die Zeitung herum und zeigt ihn in Richtung Koepps, der leicht versetzt hinter der Kamera sitzt. Dieser fragt weiter, wie der Artikel betitelt sei, Herr Zwilling antwortet: »Jüdisches Leid bindet«. Nach kurzer Pause schiebt er nach, der Artikel befinde sich »auf der siebenten Seite, rechts«. Erneut ist Koepp zu hören, der nun nach der Zeitung fragt. Herr Zwilling, sichtlich konsterniert ob der kleinteiligen Nachfragen, richtet die Titelseite Richtung Kamera aus: »Das ist die Stimme!« Frau Zuckermann schließt sich dem Gespräch an, erzählt von ihrer regelmäßigen Autorentätigkeit für die Zeitung. Wenig später bittet Koepp, Herr Zwilling möge etwas über die Zeitung erzählen. Frau Zuckermann schiebt ein, er solle die Zeitung erst einmal zeigen. Herr Zwilling fordert Koepp auf: »Sie werden mir sagen, wann!« Koepp bittet ihn, es sofort zu tun, Herr Zwilling hält die Zeitung nun gut sichtbar in die Kamera.

Herr Zwilling und Frau Zuckermann über »Die Stimme«

Er gibt einen Einblick in die Entstehung der Zeitung, deren Gründer sein Onkel war, und bezeichnet sie als »Zeitung der Juden auf der ganzen Welt«. Er beginnt kurz darauf einen Artikel vorzulesen, der die persönliche Erfahrung eines aus Czernowitz vertriebenen Juden ist und einen Geschichtsabriss über den Ort gleichermaßen liefert:

> Ich habe in Czernowitz das Licht der Welt erblickt, neun Monate später brach der Krieg aus. Die Russen beschossen die Stadt, ich lernte zu laufen, bevor ich gehen konnte. Der Erste Weltkrieg schob mich 1000 Meilen nach Westen von Czernowitz nach Wien, der Zweite Weltkrieg, der für mich am 13. März 1938 begann, schob mich siebentausend Meilen nach Westen, von Wien nach Ecuador. Ich war ein sich westwärts bewegender Ostjude und sagte mir: noch zwei solche Kriege und ich sehe wieder Czernowitz. 1943 suchte ich in Ecuador um ein Reisedokument für Ausländer ein, es enthielt eine Rubrik Nationalität, und die Ecuadorianer schrieben dort *deutsch*. Ich protestierte und verlangte eine Audienz beim Rechtsberater des Ministeriums. Er fragte: »Warum verneinen sie Deutscher zu sein, sie haben doch einen, wenn auch abgelaufenen, deutschen Pass?« »Der wurde mir aufgezwungen«, antwortete ich, »mein Vater wurde inhaftiert, ich bin Österreicher.« Der Mann sah mich mitleidig an und sagte: »Österreich existiert doch gar nicht mehr, wo wurden sie geboren?« »Nur nicht das«, flehte ich, »das wird die Sache bloß verkomplizieren.« Er bestand darauf. So sagte ich: »In Czernowitz.« Wie befürchtet die nächste Frage: »Und in welchem Land ist Czernowitz?« Also antwortete ich: »Als ich geboren in Czernowitz wurde, lag es in Österreich. Nach dem Ersten Weltkrieg wurde es rumänisch, am Vorabend des Zweiten Weltkrieges besetzten es die Russen, dann eroberten es die Deutschen, nun ist es wieder in russischem Besitz.« Der Rechtsberater dachte scharf und angestrengt nach: »Dann sind sie für mich im besten Fall ein Weißrusse!«

Sprache und Film

Die Sequenz ist vor allem deshalb bemerkenswert, weil sie eine Reflexion über die grundlegenden Voraussetzungen von medialer Erinnerungsarbeit einführt: die Sprache und mit ihr Mündlichkeit und Schriftlichkeit. Visuell erscheint die Sequenz wenig auffällig, ist in einer einzigen statischen Einstellung gefilmt. Der Fokus liegt vor allem auf der Thematisierung von schriftlicher und mündlicher Artikulation von Erinnerung. Ein erster Hinweis auf die Signifikanz der Thematik liegt im Titel der jüdischen Zeitung »Die Stimme«. Herr Zwilling nennt den Titel nach expliziter Aufforderung durch Koepp, Frau Zuckermann fordert ihn außerdem auf, die Zeitung gut sichtbar in die Kamera zu halten. Auffällig ist auch die Aussage, der Artikel befinde sich auf Seite sieben der Zeitung, eine Zusatzinformation, die zunächst kaum relevant erscheint. Unter dem Blickwinkel der medialen Zugänge jedoch lässt sie sich verstehen als wiederholte Thematisierung, die Kamera soll die Zeitung explizit sichtbar einfangen. Der hier geschilderten Erinnerung, die aus der Lektüre von Herrn Zwilling erfolgt, geht die Hervorhebung des medialen Zugangs voraus. Wichtig ist also neben der elaborierten Erinnerung zunächst der Zugang, der einen Zugriff auf die Erinnerung erst möglich macht, die Zeitung als Ort, von dem aus die Geschichte abgerufen werden kann, und der mit der Aussage, der Artikel befinde sich auf Seite sieben, unterstrichen wird. Der Zeitungstitel erhält demnach eine weiterführende Tragweite, denn es ist der mediale Zugang, der den Erinnerungen ›eine Stimme verleiht‹. Die schriftliche Fixierung in Textform, durch die Erinnertes (und damit Vergangenes) in der Gegenwart und über große Distanz wiedergegeben werden kann, ist eine Errungenschaft von skripturalen Kulturen:

> Zwischen dem Notieren einer schriftlichen Information, dem Transport dieser Nachricht zu einem Rezipienten sowie der Decodierung des Übermittelten können Tausende von Kilometern und ebenso viele Jahre liegen. Aufgrund des geografischen wie historischen Komplexitätszuwachses der Kommunikation gilt, dass Schrift nicht nur selbst eine Kulturtechnik ist, sondern eine Vielzahl zusätzlicher Kulturtechniken hervorgebracht hat. (Pethes 2008, 110)

Ohne die weitreichende Diskussion um die Veränderungen von oralen zu skripturalen Kulturen und die Errungenschaften der Literalisierung auszuführen, die hier anklingen, möchte ich doch hervorheben, dass der Film eine Thematisierung von schriftlicher Fixierung als eine einschneidende Möglichkeit von Erinnerungselaboration aufgreift, die weitere Kulturtechniken erst möglich gemacht haben. Die Schrift lieferte erst ein Instrumentarium, »den gesamten Prozess von Wahrnehmen, Überliefern und Wiedererinnern im Rahmen eines stabilen Bildfels [sic!] […] zu versinnbildlichen« (ebd., 118). Dieses Bildfeld[12] durchzieht alle auf sie folgenden

---

12 Interessanterweise klingt hier die Bildmetaphorik als mögliches Beschreibungswerkzeug von Erinnerungsprozessen an, die ich im anschließenden Kapitel noch ausführlich besprechen möchte.

medialen Erinnerungszugänge, wie Pethes am Beispiel der Einschreibung als der Schrift entstammendes Sprachinstrumentarium ausführt:

> Selbst die Bezeichnungen für analoge Medien des 19. und 20. Jahrhunderts – Fotografie, Phonographie, Kinematographie – partizipieren durch ihr vom griechischen Verb *graphéin*, schreiben, abgeleitetes Suffix von dieser Vorstellung einer »Einschreibung« des Vergangenen in Erinnerungsmedien. (Pethes 2008, 110)

Indem die Zeitung in ihrer Funktion als medialer Erinnerungszugang betont wird, verweist ihre Präsenz auf das Verhältnis zum Film. Denn wie bereits festgehalten, ist die Aussagekraft über den medialen Zugang nur über den Film als Ort der Reflexion verstehbar. Der Zuschauer betrachtet anders als Herr Zwilling nicht die Zeitung selbst, sondern deren Darstellung im Film. Dieser Argumentation folgend ist die wiederholte Hervorhebung der Zeitung vor allem als Moment der Reflexion über die Involvierung des Medialen in die Erinnerungsprozesse interessant. Der Film nimmt den medialen Zugang in sich auf, indem die Zeitung dem Zuschauer gut sichtbar (re-)präsentiert wird und dabei nur noch referenziell auf die eigene Medialität verweisen kann. Damit thematisiert der Film vor allem sich selbst als Ort, an dem die Reflexion stattfindet, verweist auf seine Ursprünge in einer schriftgebundenen Kultur und die Notwendigkeit von schriftlicher Fixierung, setzt dieser selbst jedoch eine bildliche Fixierung entgegen, indem die Kamera eine visuelle Darstellung für den Zuschauer ermöglicht. Gleichzeitig aber offenbart der Artikel auch die Möglichkeiten, die Erinnerungselaborationen über die schriftliche Fixierung bieten. So bietet der Artikel, der als eine exemplarische Diaspora-Erfahrung eines Czernowitzer Juden gelten kann, ein großes Identifikationspotenzial für ein kollektives Gedächtnis. Nicht umsonst nennt Frau Zuckermann ihren eigenen Artikel »Jüdisches Leid bindet«. Die Formulierung impliziert die zeit- und raumüberschreitende Möglichkeit des Erzählens, die anhand einer persönlichen Lebensgeschichte eine kollektive Aussage über die Geschichte der Czernowitzer Juden zu treffen vermag. Hier klingt eine Auseinandersetzung mit dem narrativen Potenzial der Erinnerungszugänge an.

Kommunikation und Verbalsprache

Darüber hinaus ist es die verbalsprachliche Artikulation, die im Mittelpunkt der Sequenz steht und deren Wichtigkeit für den weiteren Verlauf des Films vorwegnimmt. Herr Zwilling liest nicht nur einen Artikel vor, sondern spricht auch über die Entstehungsgeschichte der Publikation, die zu seinem Onkel als Mitbegründer der Zeitung führt. Der mediale Zugang ist hier also nicht nur ein referenzieller Verweis auf die Möglichkeit, mit der Zeitung Erinnerungen zu fixieren, sondern auch im Sinne der Spur als Zeichen Anlass und Ergebnis für individuelle Erinnerung für den Interpretanten, von dem aus dieser seine Erinnerungen an familiäre Beziehungen verbalisieren kann.

An dieser Stelle zeigt sich die Thematisierung von verbalsprachlicher Artikulation als Grundbedingung von Kommunikation. Jan Assmann konstatiert zur Notwendigkeit der Kommunikation für das Gedächtnis: »Das Gedächtnis lebt und erhält sich in der Kommunikation; bricht diese ab, [...] ist Vergessen die Folge« (Assmann 2007, 37). Nur indem eine mündliche Elaboration erfolgt, ist es möglich, die Erinnerung zugänglich zu machen. Für den Film braucht es darüber hinaus die auditive Wiedergabe dieser Stimme. So banal diese Feststellung zunächst wirken mag, manifestiert sie doch die unumgängliche Voraussetzung von Sprache für jegliche Erinnerungsprozesse. Für das Verhältnis von Schriftlichkeit und Mündlichkeit ist auch der von Herrn Zwilling vorgelesene Artikel ein interessantes Untersuchungsobjekt. Die (Re-)präsentation der Zeitung betont zunächst die elementare Wichtigkeit von Schrift, der Zuschauer des Films aber findet keineswegs einen lesbaren Text vor, der ihn die Geschichte des jüdischen Vertriebenen selbst rezipieren lässt, sondern folgt Herrn Zwilling über die Tonspur, der den Artikel vorliest. Entlang der vorgeschlagenen Metaphorik der topographischen Schichtung von medialen Erinnerungszugängen ist hier also keineswegs eine Trennung von Sprache in Mündlichkeit und Schriftlichkeit unternommen, sondern deren Status als unumgängliche Voraussetzung für Artikulation und Auseinandersetzung mit Erinnerung in einer sich gegenseitig überlagernden Schichtung medialer Zugänge präsentiert, die gerade in ihrer gemeinsamen Funktionsweise thematisiert werden.

Die Sprache als Heimat

Darüber hinaus nimmt die Sprache in einer diachronen Perspektive für das kulturelle Gedächtnis eine wichtige Rolle für die Identitätsbildung ein und verdeutlicht die Bedeutung von Sprache für die jüdische Bevölkerung von Czernowitz. Koepp sucht diese Identität in der wiederholten Frage, was für die einzelnen Protagonisten Heimat sei. Der in New York lebende Schriftsteller Norman Manea, den Koepp in *Dieses Jahr in Czernowitz* begleitet und in einer Sequenz zu seiner Heimat befragt, findet diese in der Sprache, wenn er über den Schriftsteller Paul Celan spricht:

> Celan sagte, dass die Heimat für ihn die Sprache ist, auch wenn die Sprache deutsch ist und der Schriftsteller ein Jude ist. Also, das ist, was bleibt mit mir. [Manea wechselt in die rumänische Sprache] Es ist klar: Die Heimat bleibt für mich die Sprache, und die Sprache ist rumänisch. Auch wenn das Land mich entfernt hat, und sich weiter entfernt. Die Sprache ist bei mir.

Manea spricht hier nicht nur seine Diaspora-Erfahrung als Vertriebener an, sondern nennt die Sprache als Teil seiner Identität, weist auf die außergewöhnliche Verbindung von Sprache und kultureller Zugehörigkeit hin, die für Czernowitzer Juden eine besondere Stellung einnimmt.

Norman Manea erzählt über Diaspora und Sprache als Heimat

In Czernowitz, einem vielsprachigen Ort, ist der Umstand bemerkenswert, dass die deutsche Sprache vor allem von der jüdischen Bevölkerung verwendet und somit lebendig gehalten wurde (vgl. Pollack 2008, 9). Die Idee, Sprache als Heimat zu begreifen, verbindet Manea mit dem aus Czernowitz stammenden, jüdischen Schriftsteller Paul Celan, auf dessen Gedichte der Film wiederholt zurückkommt. Demnach kann Sprache, die als ein Zeichensystem zur Artikulation von Erinnerung unverzichtbar erscheint, in diachroner Perspektive auch eine mythische Funktion der Zugehörigkeit markieren, zur Identitätskonstruktion entscheidend beitragen. Sprache ist nicht nur notwendig für Erinnerung, sondern damit verbunden auch Teil der Identität und im Fall Maneas auch Mittel zur Abgrenzung, indem er für seine Beschreibung der Heimat in die rumänische Sprache wechselt. Der Begriff Heimat markiert hier auch den räumlichen Charakter des Sich-Befinden. Sprache ersetzt den konkret geographischen Ort, zu dem keine Rückkehr möglich ist und wird als Mythos ›bewohnbar‹. Der konkrete Ort Czernowitz scheint verloren, durch die Sprache wird er als metaphorischer Ort ersetzt.

5.2 »Es gab niemanden mehr, nur Bilder« – die bezeugende Funktion der Photographie

Sprache ist die Grundvoraussetzung für Erinnerungsprozesse und als medialer Zugang zu Erinnerungen maßgeblich an der Identitätskonstruktion von (jüdischer) Kultur beteiligt. Was aber ruft Erinnerungen auf, für die es keine textuelle Grundlage gibt, und was macht das Sprechen über die eigene Erinnerung möglich? Eine Antwort finden Koepps Filme vor allem in der bezeugenden Funktionalisierung der Dinge, als Spuren, die eine vormalige Existenz von Vergangenem anzeigen können. Die Spuren sind vor allem dann essentiell für Erinnerungselaborationen, wenn sie die letzte Möglichkeit darstellen, sich auf jemanden oder etwas beziehen zu können.

Eine zentrale Position in dieser Funktionalisierung nimmt die Photographie ein. Während der Analyse der medialen Erinnerungszugänge stößt man in Koepps Filmen über Czernowitz immer wieder auf Photographien, die Erinnerungen der befragten Personen evozieren. Warum aber greifen die Befragten dafür vor allem auf Photographien zurück? Die Analyse einiger Filmbeispiele zeigt, dass vor allem mit der Perspektive der Spur eine Antwort auf diese Frage möglich ist, die eine identitätsstiftende Wirkung gerade für kontinuierende und generationale Aspekte der Erinnerungsarbeit in den Fokus rückt.

Um die Sonderstellung der Photographie hervorheben zu können, möchte ich mich auf eine markante Sequenz aus *Herr Zwilling und Frau Zuckermann* beziehen. Diese widmet sich der Erinnerung von Herrn

Zwilling an seine Familienangehörigen und deren Deportation und Ermordung durch deutsche Truppen im Zweiten Weltkrieg. Herr Zwilling sitzt zu Beginn, gefilmt in einer halbnahen Einstellung, auf einem Stuhl, rechts neben ihm auf einem Fenstersims hat er zahlreiche Unterlagen ausgebreitet. Er greift nach zwei Photographien seiner Großeltern und hält sie, nach Aufforderung von Koepp, vor seinen Körper in die Kamera. Er beginnt, über die Lebensläufe seiner beiden Verwandten zu sprechen, der Bürgermeistertätigkeit seines Großvaters im Dorf Putila, der Flucht 1914 vor den Russen nach Wien und der Geburt seiner Mutter, die dort Medizin studierte und im Spital arbeitete, schließlich zurück in die Bukowina einheiratete und nach Czernowitz zog. Koepp fragt nach, ob die Großeltern überlebt haben, Herr Zwilling verneint, sie seien 1943 nach Theresienstadt deportiert und ermordet worden. Zum Ende der Sequenz filmt die Kamera die ausgebreiteten Photographien in einer Nahaufnahme.

Herr Zwilling mit Photographien und Dokumenten seiner Großeltern

Die Photographien der Großeltern erhalten hier über den medial vermittelten Anlass zur individuellen Erinnerung hinaus unter der Perspektive der Spur ihre Funktion, denn sie sichern für Herrn Zwilling die Existenz der Großeltern und verweisen in Zusammenhang mit der Ermordung der Juden im Zweiten Weltkrieg auf die Relevanz von Spuren als Zeugnisse der Vergangenheit, darüber hinaus vor allem als Möglichkeit, sich auf diese im Rahmen von Erinnerungsprozessen noch beziehen zu können. Warum aber ist dafür die Photographie besonders geeignet?

Photographie und Gedächtnis

Aleida Assmann schreibt über die Möglichkeiten, kollektive Gedächtnisse zu beschreiben, in Anlehnung an Walter Benjamin abseits von Raum- und Schriftmetaphern auch über das Bild:

> Das Problem des Gedächtnisses [...] drängt in die Bilder. Diese Bilder sind im Sinne von Walter Benjamin als Denk-Bilder aufzufassen, die das überkomplexe Phänomen von immer neuen Seiten zu beleuchten versuchen. (Assmann 2009, 177)

Gerade die Verbindung von Photographie und Gedächtnis gilt seit dem 20. Jahrhundert als beiderseitig affizierbar, hilft die Photographie Erinnerungsprozesse zu verstehen und fungiert bei der Beschreibung von Gedächtnisinhalten als bildhafte Konstruktion. Dies verleiht der Photographie einen herausragenden Status als mediale Möglichkeit, Wirklichkeit zu bannen. In seiner Untersuchung der Photographie als Gedächtnismedium bezieht sich Jens Ruchartz wie schon Aleida Assmann auf Freud, um die photographische Gedächtnismetaphorik nachzuvollziehen:

> Noch konkreter zur Analogie des menschlichen und des fotografischen Vermögens bekennt sich Sigmund Freud in *Das Unbehagen und die Kultur*. Der Mensch habe mit der »photographischen Kamera [...] ein Instrument geschaffen, das die flüchtigen Seheindrücke festhält,« wie mit dem Fonografen einen Apparat, der Analoges für das Akustische leiste, und somit »im Grunde Materialisationen des ihm gegebenen Vermögens der Erinnerung seines Gedächtnisses« konstruiert. (Ruchartz 2004, 86)

Diese bei Freud anklingende Analogie findet sich in der noch heute präsenten Idee der »Fotografie als gedächtnisförmiges Bildmedium« (ebd.) und in der alltagssprachlichen Floskel vom »fotografischen Gedächtnis« wieder (ebd., 87). In Anlehnung an Freud spricht Aleida Assmann auch vom »Bild als unmittelbarer Niederschlag eines Affekts« (Assmann 2009, 220) und vom »Träger des kulturellen Unbewußten« (ebd.). Das Bild und im Speziellen die Photographie werden in dieser Argumentation »wie die Schrift [...] zugleich Metapher und Medium des Gedächtnisses« (ebd.).

Als Gedächtnismedium ist die Photographie demnach lange Zeit verstanden als ein Abbild und Zeuge von Vergangenem, als »Indiz einer Vergangenheit, die nicht mehr existiert, als fortexistierender Abdruck eines vergangenen Augenblicks« (ebd., 221). Die bezeugende Funktion beschreibt Roland Barthes als die einzig benennbare Eigenschaft der

Photographie, »das Wesen, den Sinngehalt (*noema*) der Photographie« (Barthes 1985, 86). Die Photographie zeige nicht an, was existiert, sondern in seinem Status des Immer-schon-Nachträglichen die vormalige Existenz des Gegenwärtig-nicht-mehr-Vorhandenen, was in seiner Aussage kumuliert: »Der Name des Noemas der Photographie sei also: ›*Es-ist-so-gewesen*‹ oder auch: das Unveränderliche« (ebd., 87). Jens Ruchartz nähert sich den Photographien als Spuren und skizziert entlang von Barthes deren Sonderstellung, da sie »nicht nur ein vergangenes Ereignis *indexikalisch* anzeigen, sondern dieses zugleich *ikonisch* abbilden« (Ruchartz 2004, 90). Barthes versteht die Photographie aber keinesfalls als bloßes Abbild von Realität, die Idee des Abbildes beschreibt er vielmehr als eine dem Bild zugeschriebene Funktion, wie es auch das Überraschen und Bedeutung stiften oder Wünsche wecken sei (vgl. Barthes 1985, 37).[13]

Funktionalisiertes Zeugnis

Gerade mit dieser Aussage lässt sich die Verwendung der Photographie in der Sequenz fassen und auch die Perspektive von Spur und Mythos anwenden. Für Herrn Zwilling erfüllen die Photographien seiner Großeltern eine bezeugende (die Spur als Zeuge) und identitätsstiftende (der Mythos als Geschichte der Großeltern) Funktion im Rahmen der Erinnerungsarbeit. Unabhängig davon, ob sie tatsächlich Abbild sind oder nicht, legen sie für den Prozess des Erinnerns und für die individuelle Konstruktion von Identität über die Familientradition *als Spur* Zeugnis von der Existenz seiner Großeltern ab und machen einen Bezug auf sie überhaupt möglich. Die Perspektive der Spur als Zeichen ermöglicht es dabei, den zirkulären Zeichenbildungsprozess nachzuvollziehen, der hier stattfindet. Indem Herr Zwilling die Photographien als Spuren liest und sie dem Status als Gegenstände enthebt, sie als Anwesendes (die Photographien) für etwas Abwesendes (die Großeltern) versteht, bringt er die Photographien als Spuren (und damit auch als Zeugnisse) erst hervor. Die gewendete Perspektive des Zeichens als Spur wiederum betont die Sonderstellung der Photographien: Sie eignen sich als Spuren, weil ihnen die Funktion des Zeugen zugeschrieben werden kann, weil sie sich zumindest

---

13 Im französischen Originaltext heißt es entsprechend »Ca a été«, dass durch die deutsche Übersetzung an Mehrdeutigkeit verliert und durchaus auch als Es-ist-*dort*-gewesen übersetzbar ist.

für die Behauptung eignen, etwas oder jemanden indexikalisch anzuzeigen und ikonisch abzubilden. Über die Perspektive der Spur vollzieht sich also ein zirkulärer Zeichenbildungsprozess, der bereits am Beispiel der Davidsterne thematisiert wurde. Dabei zeigt sich aber auch die besondere Eignung der Photographie als zu erzeugende und zu lesende Spur für Dagewesenes. Ich möchte jedoch behaupten, dass sich die Analyse der Sequenz nicht in der Lesbarkeit als Spur erschöpft, sondern weiter greift und damit eine grundlegende Aussage über die kulturelle Funktionalisierung von bildhaften, medialen Erinnerungszugängen trifft.

Barthes bezeichnet die Photographie als »Emanation des Referenten« (Barthes 1985, 90), von einem realen Objekt, »das einmal da war, sind Strahlen ausgegangen, die mich erreichen, der ich hier bin« (ebd., 91). Die Photographie ermöglicht für Barthes wie bereits festgehalten den Bezug auf einmal Dagewesenes, indem sie dieses wieder aufruft, nicht im Sinne des genauen Abbildes, sondern durch Zeugenschaft. An anderer Stelle hält er diesbezüglich fest:

> Die Photographie ruft nicht die Vergangenheit ins Gedächtnis zurück [...]. Die Wirkung, die sie auf mich ausübt, besteht nicht in der Wiederherstellung des (durch Zeit, durch Entfernung) Aufgehobenen, sondern in der Beglaubigung, daß das, was ich sehe, tatsächlich dagewesen ist. (ebd., 92)

Barthes' Überlegungen klammern zwar die Möglichkeit der Manipulation von Photographien aus, ein Umstand, der gerade in Zeiten der Digitalisierung zunehmend an Bedeutung gewinnt und den von Barthes festgehaltenen Wesenskern von Photographie anzugreifen vermag. Für den Film als ein Modell für kulturelles Gedächtnis aber erweist sich diese Debatte um Realismus nicht als entscheidend. Denn ob die Photographie als Spur ikonisch abbildet oder indexikalisch verweist, ist letztlich vor allem eine Frage der historischen und kulturellen Kodierung, wie Margrit Tröhler über den Realismus bewegter Bilder schreibt: »Weder die physiologische noch die fotografische Wahrnehmung noch der Realismus sind transhistorisch gültige Konzepte, sondern kontingent und damit wandelbare Konventionen« (Tröhler 2011, 326). Ähnlich argumentiert auch Ruchartz, wenn er ausführt, dass »jede medial aktualisierte Form – jeder Text, jedes Foto, jeder Film – [...] zumindest in selbstreferenzieller Hinsicht jedes konkrete mediale Kommunikationsereignis [...] an sich die

Merkmale eines bestimmten Zeitpunktes der Medien- und Kulturgeschichte« (Ruchartz 2004, 92) trägt. Analog zu Barthes handelt es sich also sehr wohl um eine »Wiederkehr der Toten« (Barthes 1985, 17), diese Wiederkehr *in den Erinnerungen* ist aber stets von kulturellen und historischen Zuschreibungen abhängig, die wiederum im Kontext jüdischen Erinnerns eine essentielle, weil identitäts-*konstituierende* Funktion erfüllen.

Das Zeugnis als Möglichkeit zu erinnern

Interessant für die Sequenz ist demnach gerade die kulturelle und historische Zuschreibung, die der Interpretant vornimmt. Sie ermöglicht Erinnerung erst durch die beschriebene Funktionalisierung, durch die Perspektive der Spur aber ist diese Funktionalisierung als zirkuläre Struktur nur durch die Involvierung des Interpretanten verstehbar:

> Ist die Spur eher materieller Aufhänger und Anlass von Erinnerung, nämlich der Rekonstruktion der Ursprungssituation, so akzentuiert das Konzept der Externalisierung tendenziell eine bereits angeeignete, subjektive Erinnerung. (Ruchartz 2004, 91)

Ob dabei eine Referenz zur Realität nachweisbar ist, erscheint für den Erinnerungsprozess selbst kaum relevant, ebenso wie die Vorstellung der Photographie als externalisiertem Speicher nicht zielführend ist: Die Photographie ist als erzeugte und erzeugende Spur zwar notwendig, bildet aber nur den Ausgangspunkt der Erinnerungsprozesse:

> Zwar werden die Bilder zum Zwecke der Erinnerung angefertigt, sie sind aber noch nicht komplette Erinnerung, müssen es auch gar nicht sein, weil sie vom intendierten Betrachter […] ohne weiteres kontextuell ergänzt werden können. Als Bilder eines Augenblicks, einer gewesenen Situation, sind sie Anker für an ihnen ansetzende Erinnerungsprozesse. […] Demnach setzt die Erinnerung das Foto voraus, dominiert es aber letztlich. (ebd., 100)

Unabhängig davon, ob man Ruchartz' Setzung der Photographie als Indiz für eine gewesene Situation teilt, ist hier die Verbindung von Erinnerung und Photographie passend beschrieben, denn sie zeigt die Dominanz der Erinnerung über die Photographie. Ohne den Interpretanten, der sich mit seiner Erinnerung auf die Photographie bezieht, ist keine Aussage über dieselbe möglich. So hält auch Aleida Assmann für das Bild als Gedächtnismedium fest:

> Während über Texte geleitete Tradition taghell war, ist die über Bilder und Spuren geleitete dunkel und enigmatisch. Im Gegensatz zum Text sind Bilder stumm und überdeterminiert; sie können sich ganz verschließen oder beredter sein als jeder Text. (Assmann 2009, 220)

Indem Herr Zwilling die Photographien nutzt, um an seine Familie erinnern zu können, sind diese weniger für die Frage nach Realität relevant, sondern vielmehr über die diachrone Perspektive des Mythos als Teil eines identitätsstiftenden Prozesses zu konturieren. So entsteht an der Photographie ein Zeichen zweiter Ordnung *für die (erinnerte) Lebensgeschichte der Großeltern*, im Sinne einer (kulturell-historischen) Zuschreibung, die für die individuelle und kollektive Identität essentiell ist. Die Spuren fungieren demnach als Zeugnis *durch die Zuschreibung des Interpretanten* und ermöglichen die Erinnerung als Erzählung einer Vergangenheitsversion, die immer schon subjektiv ist und daher nicht über die Frage nach Objektivität oder Realität fassbar ist. Dies muss keineswegs eine relativistische Schlussfolgerung ob der Aussagekraft von Photographien oder Erinnerungen nach sich ziehen. Die Relevanz der Spuren kann gerade in ihrer subjektiven Hervorbringung aufgehen, wie auch Schlögel in einem Plädoyer für das subjektiv Erlebte anführt: »Eine […] Diskreditierungsformel lautet: ›Das ist ja bloß individuell, das ist ja bloß subjektiv.‹ Als gäbe es etwas Härteres als das subjektiv Erfahrene und das individuell Erlittene.« (Schlögel 2011, 271) Die Zeugnisse geben den (medialen) Anlass zur Vergangenheits- und Identitäts*konstruktion*, der ohne sie nicht mehr möglich wäre, und betonen damit die generationsübergreifende Macht von (bildhaften) Zeugnissen, sogar den Einfluss dieser Zeugnisse auf die Erinnerung, als Spur des Mediums, die der Erinnerung anhaftet.

Beide Aspekte spielen gerade für die Konstruktion von jüdischer Identität, der sich beide Filme explizit widmen, eine immens wichtige Rolle, denn die massenhafte Vernichtung der jüdischen Bevölkerung im Zweiten Weltkrieg macht die medialen Zugänge für die Erinnerung gerade für die Kinder und Verwandten der Ermordeten so bedeutend. Ein Freund des Schriftstellers Norman Manea spricht dies in *Dieses Jahr in Czernowitz* während einer Sequenz in Zusammenhang mit der Lebensgeschichte seiner Mutter an:

Aber ab 1939 hat sie alles verloren. Von der Schulklasse meiner Mutter, im Gymnasium, alle Jüdinnen, war sie eine von zwei Überlebenden. So hat man nie zu Hause jemanden kennengelernt, die meine Mutter oder meinen Vater gekannt haben vor 1939. Aus der Kindheit meiner Mutter, der Kindheit meines Vaters gab es niemanden und aus der Familie meines Vaters gab es überhaupt niemanden. Keinen Großvater, keine Großmutter, keinen Onkel, niemanden, keine Cousinen, niemanden. Da waren nur Bilder. [...] Da waren nur Bilder. [...] Es gab nur einzelne Photos.

Die Photographien, das macht diese Äußerung deutlich, waren und sind notwendig, um eine Erinnerung an die Verstorbenen aufrechtzuerhalten. Darüber hinaus klingt hier wieder die Medialität der Erinnerungszugänge an, die Aleida Assmann als Schwelle zwischen den Gedächtnissen beschreibt: »Das lebendige Gedächtnis weicht [...] einem mediengestützten Gedächtnis, das sich auf materielle Träger [...] stützt« (Assmann 2009, 14). Diese Schwelle öffnet ein Untersuchungsfeld, auf dem eine Auseinandersetzung mit der medialen Prägung von Erinnerung nötig wird. Auf das Beispiel bezogen bedeutet dies: Wenn es stets nur Photographien gab, um sich an die Verstorbenen zu erinnern, dann ist diese Erinnerung immer schon über die Spur des Mediums präfiguriert. Hier vollzieht sich ein weiterer Schritt in der Untersuchung von medialen Erinnerungszugängen. Diese ermöglichen nicht nur Bezug zu erlebter Vergangenheit in Form von Erinnerungselaborationen, sondern können das individuelle Erleben sogar ablösen, sodass Erinnerung erst an ihnen entsteht.

Schwarz-weißes Czernowitz – generationales Erinnern

Ein weiteres Beispiel in Zusammenhang mit der Photographie zeigt beide Prozesse auf. Zu Beginn von *Dieses Jahr in Czernowitz* besucht Koepp die jüdische Familie Weissmann in Berlin und befragt Großmutter, Mutter und Tochter zu ihrem Verhältnis zu Czernowitz. Zunächst erzählt Frau Gold, die älteste der drei befragten Frauen, von ihrem langjährigen Leben in Czernowitz. Dem geht stets eine Nahaufnahme von verschiedenen Photographien voraus.

Photographien als Erinnerungsanlass

Nachdem die Photographien von der Kamera aufgenommen sind, entwickelt Frau Gold Erinnerungen, die von den Photographien ausgehen, etwa über die Schuhe, die sie auf diesen trägt, oder an einen Ausflug in die Berge nahe Czernowitz. Hier dienen die Photographien als individuelle Erinnerungsanlässe und sind sehr wohl im Sinne des Es-ist-so-gewesen von Barthes verstehbar, als Indiz für das in der Vergangenheit Erlebte, als Zuschreibung einer Spur, die Zeugnis ist. Auch hier dominiert die Erinnerung von Frau Gold die Photographien, sie stellt nicht zuletzt für den Zuschauer einen Bezug zur Photographie her. Frau Gold liefert diesem als Spurenleserin und Interpretantin auf zweiter Ebene einen Zugang zu (ihrer individuellen) Erinnerung, erinnert also über die Photographie an selbst Erlebtes, das wie schon zu Beginn von *Herr Zwilling und Frau Zuckermann* zur Schilderung einer Lebensgeschichte in der Diaspora weiter verläuft. Interessant ist nun der hinzukommende generationale Aspekt.

In einer kurz darauf folgenden Sequenz befragt Koepp Nadine Weissmann, die Jüngste der Familie, wann sie das erste Mal von Czernowitz gehört habe. Ihre Antwort ist bemerkenswert:

> Bewusst kann ich mich sicher nicht daran erinnern, weil ich Czernowitz als Begriff wahrscheinlich schon als Zwei- oder Dreijährige aufgeschnappt habe, in den Erzählungen meiner Eltern, meiner Großeltern vor allen Dingen [...]. Es war mir immer ein Begriff. [...] Ich bin damit aufgewachsen, genauso wie mit Begriffen von anderen Orten. Czernowitz war für mich genauso real wie Berlin, nur das ich noch nicht dort gewesen war. Natürlich bis ich vor einem, eineinhalb Jahren, [...] das erste Mal dort war, war es immer mit einer gewissen Mystik behaftet, vielleicht auch irgendwo sogar idealisiert als dieser Ort der Vergangenheit, wo so viele aus unserer Familie und so viele aus unserem Bekanntenkreis ihre Kindheit verbracht haben, auch viel Schreckliches erlebt haben, aber es war irgendwo, eine Art Märchenwelt, die ich mir zwar vorgestellt hatte, aber mir auch nicht ganz vorstellen konnte, von den paar Fotos die wir hatten. [...] Vielleicht ist es bei Kindern oft so, oder wenn man sich Sachen vorstellt, von denen man nur gehört hat, und von denen man ein paar Schwarz-Weiß-Fotos hat. Ich glaube, als Kind habe ich mir vorgestellt, dass Czernowitz schwarz-weiß war, weil es nur solche Fotos davon gab.

Hier geht die Involvierung des Medialen einen Schritt weiter. Sie ist nicht mehr nur Anlass von Erinnerung, sondern formt im Sinne der Spur des Mediums die Vorstellung von einem Ort, ohne dass der Ort selbst vorher besucht wurde. In dieser Feststellung liegt letztlich das entscheidende reflexive Moment der Photographie für Koepps Filme. Die Photographie als Beispiel für bildhaften Zugang prägt im Sinne der Spur des Mediums die Botschaft und macht einen Bezug auf die selbst nicht erlebte Vergangenheit *über mediale Erinnerungszugänge* erst möglich. Die Zugänge bringen, mit dem Begriff des Apparates gesprochen, die medial erzeugte Vorstellung des Ortes erst hervor, als medial präfigurierte Behauptung eines ›Als-Ob‹. Dies verweist nicht zuletzt auf den Film als Ort der Reflexion und seinen Status als Modell für kulturelles Gedächtnis. Wie auch die Photographie bleibt das medial erzeugte Modell immer ein Behauptetes. Dennoch, das beweisen die Schilderungen, ist die Photographie nicht nur anschlussfähig für Identitätsbildung, sondern notwendig, ermöglicht eine Vorstellung des Ortes, wenn auch gebunden an die medialen Potenziale. Für die Schwelle von lebendigem und mediengestütztem Gedächtnis aber verweist es auf die Neustrukturierung von Erinnerungsbezügen. Die Schilderungen spiegeln nicht zuletzt die Position des Zuschauers. Dieser bekommt *eine Vorstellung* von der jüdischen Kultur in und um Czernowitz als einem medial hervorgebrachten Ort, dem sich in diesem ›Als-Ob‹

angenähert werden kann. Auch wenn dies den direkten, ›lebendigen‹ Bezug nicht ersetzt, legt die Vorstellung doch vor allem die Konstruktionsweise von mediatisierter Erinnerung offen und thematisiert den Film als Ort, an dem Erinnerungskonstruktionen nachvollziehbar werden. Unabhängig von Begriffen wie Wahrheit und Wirklichkeit erlauben die Schilderungen ein Verstehen über die Entstehung von (mediengestützten) Gedächtnissen, deren *Konstruiertheit*. Indem der Film also die Photographie in dieser Funktion thematisiert, trifft er als Ort der Reflexion vor allem eine Aussage über die eigenen Möglichkeiten, in Erinnerung und Gedächtnis involviert zu sein.

Das Bild eines geographischen Ortes

Ein letztes Beispiel soll die Lesart von Koepps Filmen als Orte der *medialen* Reflexion nochmal verdeutlichen und erweitern. Koepp befragt in einer Sequenz aus *Dieses Jahr in Czernowitz* die in Wien lebende Psychologin Evelyne Mayer, deren Vater aus Czernowitz stammt, wann ihr Nachdenken über Czernowitz begonnen habe. Ihre Antwort umspannt die Involvierung des Medialen in Erinnerungen von Sprache über den Film bis zur direkten Begegnung mit dem Ort:

> Eigentlich schon sehr früh, denn in unserer Familie sind sehr viele Anekdoten und Geschichten erzählt worden, über die Geschichte der Eltern, und ich kann mich erinnern, als ich jung war [...], dass mein Vater viel von seiner Großmutter erzählt hat, und ich immer [...], auch wenn mich Leute gefragt haben, woher sind deine Eltern, habe ich bei meinem Vater immer gewusst, er ist aus Czernowitz, auch wenn das für mich kein geographischer Ort war, sondern ein kultureller Ort, der mit vielen Geschichten verbunden war. [...] Und da ist eine Geschichte, die mir von dieser Großmutter meines Vaters, meiner Urgroßmutter, im Gedächtnis geblieben ist, die ich immer mit einem Ort verbunden habe, nämlich mit Czernowitz. [...] Und dann sind in unserer Familie Fotos aufgetaucht, die hinten drauf den Fotografen, [...] erwähnt hatten. Ich habe das oft gelesen, und das war auf Deutsch, Czernowitz, die russische Gasse, wo diese Filme, wo diese Photos gemacht wurden. Und ich hatte immer Vorstellungen, ich konnte mir nie vorstellen, ich war auch noch nie dort, ich habe einige Sachen im Fernsehen jetzt auch gesehen, und auch ihren Film [*Herr Zwilling und Frau Zuckermann*], und das Ganze hat ein Bild entworfen von

einem geographischen Ort, denn bisher war es ein Ort in meiner Seele, in der Seele meines Vaters.

Die Äußerungen lassen sich direkt mit der zuvor umrissenen Diskussion um die Involvierung des Medialen in die Konstruktion von Erinnerung verbinden. Die medialen Zugänge bieten aber darüber hinaus auch eine weiterführende räumlich-narrative Komponente, die auf die Analyse der Erzählstruktur verweist, auf die Konstruktion eines Ortes für Erinnerung. Zunächst betonen die Äußerungen die kontinuierende Kraft der Sprache, die ihr als erster Anhaltspunkt gedient haben. Ähnlich wie zuvor bei der Befragung der Familie Weissmann ist es das Geschichten-Erzählen, das Evelyne Mayer eine erste Vorstellung des Ortes ermöglicht hat. Interessanterweise betont sie jedoch, es habe sich bei dieser Vorstellung nicht um einen geographischen, sondern um einen kulturellen Ort gehandelt. Kulturell, so ließe sich mit der bisherigen Argumentation behaupten, vor allem, da er medial präfiguriert ist, ähnlich der Vorstellung eines Czernowitz in Schwarz-Weiß, hier jedoch mit der Differenzierung als kultureller, weil *medial konstruierter, erzählter Ort*. Diese Lesart lässt sich durch die weitere Analyse der Aussage stützen, denn über die Photographien und nicht zuletzt über Koepps Film hat sie ein *Bild des geographischen Ortes* entworfen.

Die Schwestern Evelyne Mayer und Katja Rainer studieren
Photographien von Czernowitz

Während die Anekdoten einen Bezug zum Ort herstellen und betonen, dass dieser durch Erzählung konstruiert ist, verweist die Thematisierung von Photographie und vor allem des Films auf die Möglichkeit eines Raumentwurfes, der über die sprachliche Artikulation hinauszuweisen scheint. So suggerieren die Aussagen, dass über die Bilder ein *räumlich vorstellbarer, geographischer Ort* entworfen werden konnte, eine Qualität, die hier dezidiert dem Film zugesprochen wird. Dabei ist dieser Ort keineswegs als Äquivalent zum ›tatsächlichen‹ Czernowitz zu sehen, sondern *als ein Bild* desselben. Dies weist erneut zum Beginn dieses Kapitels zurück, wenn Aleida Assmann das Bild als Medium und Metapher für Gedächtnis beschreibt: Der bildhafte Erinnerungszugang ist in der Lage, die (räumliche) Vorstellung des Ortes Czernowitz zu erzeugen und medial zu präfigurieren. Gleichzeitig liefert er die räumliche Metaphorik für die Manifestierung von Erinnerungen in der bildhaften Vorstellung eines Ortes. Czernowitz wird so über die Möglichkeit des Films, eine Bild- und Raummetaphorik zu bedienen, zum Ort einer jüdischen Erinnerungskultur.

6. Kultur als Narrativ, Erzählen als »In-der-Welt-Sein«

In Zusammenhang mit der Photographie scheint mit Nachdruck auf, wie bedeutend das Erzählen für die Identitätsbildung ist, was eine Annäherung an die Begriffe Kultur und Narrativ[14] unumgänglich macht. Unter einer solchen Perspektive erschöpft sich die Betrachtung des Medialen jedoch nicht mehr in einem Begriffsinventar von Mythos, Spur oder Erinnerungszugang und der angeschlossenen Sinnstiftungsprozesse, sondern die Struktur des Erzählens, die Erzählformen (und damit die des Films) rücken in den Vordergrund. Eine Methode zur Analyse vorzulegen bedeutet zunächst, die im letzten Beispiel anklingende Verbindung von Kultur und Narrativ zu beschreiben und sie mit dem Konzept eines kulturellen Gedächtnisses zu verbinden, denn einen Film als Modell für kulturelles Gedächtnis zu lesen bedeutet auch, zu verstehen, wie dieses kulturelle Gedächtnis erzählt ist.

Um beide Begriffe zu schärfen, möchte ich auf Wolfgang Müller-Funks Buch *Die Kultur und ihre Narrative* zurückgreifen. Müller-Funk beginnt seine Annäherung mit der Feststellung, »daß Erzählen nicht nur universal ist, sondern [...] eine transzendentale Voraussetzung für ›Kultur‹ darstellt« (Müller-Funk 2008, VI). Er spricht sich für eine narrative Wende der Kulturwissenschaften aus, die er dem *spatial turn* entgegenzusetzen versucht, der bereits mit Karl Schlögel Erwähnung gefunden hat. Entgegen einer Loslösung von der linearen Zeitordnung durch Betonung des Raumes plädiert er für deren Verschränkung in einem kulturwissenschaftlich-narrativen Ansatz:

> In der narrativ konstruierten Handlung findet gleichsam eine Synthesis zwischen dem binären Raum und der dreidimensional erfahrenen Zeit statt: Handlungen sind durch eine lineare Zeitordnung immer auch

---

14 Die Begriffe Narrativ, Narration, Erzählung und Erzählen nutze ich analog zu Müller-Funks Augmentation: »Es genügt, ihre Differenz [der Begriffe] durch den Gebrauch und Kontext hervortreten zu lassen, etwa das Narrativ als eine theoretisch strenger gefasste Kategorie, die auf das Muster abzielt, Erzählung als vorläufigen Begriff in einem formal unproblematischen Allerweltssinn und Narration als einen Terminus, der den Akt und das Prozessuale mit einschließt und exakter ist als jener der Erzählung [...]« (ebd., 15)

dadurch bestimmt, dass sie eines Ortes bedürfen. Es kann also nur darum gehen, in welcher Form diese Verschränkung stattfindet. (Müller-Funk 2008, VII)

Ein narrativer Ansatz, so lässt sich Müller-Funk hier interpretieren, scheint geeignet, die beiden Kategorien Raum und Zeit in der Untersuchung der Erzählstruktur in ihrer Beziehung zueinander zu verstehen, eröffnet aber auch ein Verständnis des bereits vielfach angeführten Ortsbezuges, da jede Erzählung durch ihre lineare Zeitordnung Anfang und Ende, damit auch einen Ort, benötigt. Eine vorgeschaltete Frage jedoch drängt sich auf: Was versteht Müller-Funk unter Kultur?

Die Schwierigkeit einer Definition betont dieser zu Beginn selbst, wenn er konstatiert: »Kultur ist einer der schwierigsten und schwerwiegendsten Großbegriffe – politisch wie wissenschaftlich. Er umfasst Bereiche wie Tradition, Habitus, Lebenskultur, das Gedächtnis sozialer Entitäten [...]« (ebd., 4). Müller-Funk nähert sich dem Begriff zunächst in einer historischen Untersuchung über drei maßgebliche Kulturmodelle: Mit Giambattista Vicos Konzept der Kultur konturiert er deren ›Gemachtheit‹ als »die Wissenschaft von allen Dingen [...], die nicht natürlich, sondern künstlich, das heißt von den Menschen selbst gemacht ist« (ebd., 8), verortet sie weiter mit Terry Eagleton und der etymologischen Herkunft des Wortes Kultur in der Bodenkultur und Ackerpflege in einer »Dialektik zwischen Natürlichen und Artifiziellem« (ebd.), kommt damit der Kultur als »Gegenbegriff zur Natur« (ebd.) nahe. Weiter argumentiert er entlang von Jacob Taubes Untersuchung des Kulturbegriffes und der damit verbundenen Idee von »kollektiven Erinnerungsbeständen, die zu einem festgesetzten Zeitpunkt und an einem bestimmten Ort aktualisiert und manifestiert werden« (ebd.), und leitet daraus die Kultur als »das symbolische Band einer Sozietät« (ebd.) ab. Mit dem Literaturtheoretiker Geoffrey Hartmann konturiert er den Kulturbegriff im Sinne eines anthropologischen Selbstbezuges. Da über Kultur sprechen immer schon Teil der Kultur ist, kann es ein ›äußerliches‹ Reflektieren demnach nicht geben. Diese Feststellung mündet in der Idee, Kultur sei nichts anderes als die Auseinandersetzung mit »der quälenden Unwirklichkeit der Welt« (ebd., 9), die »materiale Anstrengung, heimisch zu werden in dieser Welt« (ebd.), einen »Zugang zu einer Welt zu finden, die ansonsten fremd, sinnleer, abweisend ist« (ebd.). Kultur bedeutet hier sehr weit gefasst vor allem Partizipation (an der Welt).

Seinen eigenen Kulturbegriff lässt Müller-Funk jedoch nur bedingt über die in den drei Modellen mitschwingenden Begriffe von Politik, Natur und Gesellschaft aufgehen, eher nutzt er diese als Hilfsmittel, die Kultur als Begriff im Zusammenhang mit menschlichem »In-der-Welt-Sein« (Müller-Funk 2008, 25) zu problematisieren. Zu seinem eigenen Verständnis über Kultur greift er daher auf eine an den Ethnologen Clifford Geertz anschließende, post-strukturalistisch geprägte Idee der Kulturen als zu dechiffrierende Texte zurück, die ihm eine Verbindung zum Narrativ ermöglicht.

Der narrative Zugang mache Erzählungen zum Mittelpunkt der kulturellen Konstruktion, die dem Menschen ein Handeln in der Welt ermöglichen (vgl. ebd., 12). Mit Anschluss an die angelsächsische Tradition des Kulturverständnisses grenzt Müller-Funk darüber hinaus Lebenskultur und Kunst-Kultur voneinander ab, eine Unterscheidung, die vor allem für die Untersuchung des Films interessant ist. Entlang der These von Thomas Stearns Eliot, der die Kultur als Unbewusstes »im Sinn eines unhinterfragten, selbstverständlichen Tuns, Handelns und Sprechens« (ebd., 11) versteht, entwirft er die Lebenskultur, verstanden als »alle jene Habitualisierungen, Mentalitäten und Gefühle, die uns großteils an eine Form des Lebens bindet« (ebd.). Die Kunst-Kultur beschreibt Müller-Funk in Anlehnung an Raymond Williams als »die Spitze des Eisberges […], die aus dem Meer des Unbewußten herausragt« (ebd.). Die Kunst-Kultur eignet sich für die Reflexion über den Begriff Kultur und kann sich den Entstehungsprozessen widmen: »zum einen ist sie [die Kunst-Kultur – Einfügung M. P.] ein spezialisiertes, ausdifferenziertes Subsystem, zum anderen aber repräsentiert sie eine bewußte(re) Form von Kultur, die eine Selbstreflexion der Gesamtkultur ermöglicht« (ebd.). Darauf folgt Müller-Funk einer Idee von Kultur, die einen »Prozeß zwischen ›gelebter‹ Lebenskultur und exponierter, materialisierter Kultur« (ebd., 12) entfaltet. Da Handeln in der Welt über das Erzählen zu verstehen sei, sind die Menschen mit der Kunst-Kultur in der Lage, »ihre eigenen Formen des Handelns wiederzuerkennen und sie symbolisch [zu] verstehen« (ebd., 13). Auch ein filmisches Narrativ ermöglicht demnach als Teil einer solchen Kunst-Kultur eine Reflexion über die Entstehung von Kultur, vergleichbar dem Verstehen von Erinnerungsprozessen in der (selbst-)referenziellen Reflexion der medialen Erinnerungszugänge. Müller-Funk nennt zudem noch einen weiteren Grund, weshalb gerade ein narrativer Zugang hilft, den Kulturbegriff zu schärfen. Wenn Erzählungen das menschliche Handeln in der Welt ermöglichen, dann seien sie auf narrative Weise an der Konstruktion von Identität beteiligt, insofern In-der-Welt-Sein als Identität-herausbilden verstanden werde. Die Identitätskonstruktion durch die Erzählung schafft so auf individueller wie kollektiver Ebene imaginäre Subjekte, darunter auch Gesellschaft und Nation als »imaginierte Megasubjekte« (Müller-Funk 2008, 13), wobei imaginär für Müller-Funk im Hinblick auf Geschichte und Kultur gerade das Reale ist (vgl. ebd., 14). Eine Annahme, die der Diskussion um Subjektivität von Erinnerung nahekommt, die über die zirkuläre Struktur der Zeichenbildung und die Funktionalisierung über Spur als Zeugnis ausführlich besprochen wurde.

Für die besagten Erzählungen weist Müller-Funk weiter auf die Notwendigkeit der narrativen Formen hin: »Ganz offenkundig speisen sich die Erzählungen der kleinen wie großen imaginären Subjekte aus demselben Reservoir: dem Formenbestand des Narrativen« (ebd., 14). Diesen Formenbestand erfindet jedoch nicht das einzelne Subjekt selbst, sondern es greift dafür auf in der Kultur ausgearbeitete Erzählformen zurück, womit Müller-Funk die Brücke zu den »kulturellen Universalien Symbol und Mythos, Ritual und Sprache, Bild und Technik« (ebd., 19) schlägt und erstmals den Medienbegriff anklingen lässt. Diese liefern erst die nötigen Erzählformen, um in und über die Kultur ein Narrativ zu entwickeln.

Kulturen lassen sich so über Müller-Funk schärfen als Erzählgemeinschaften, die durch ihre Verwendung eines stets unterschiedlichen narrativen Reservoirs verstanden werden können. Statt einer genauen Definition über das, was Kultur beinhaltet, liefert die Argumentation eine Methodik, um sich dem Aspekt des Erzählens innerhalb einer Kultur annähern zu können, indem die verfügbaren Formbestände des Narrativen in den Fokus rücken. Was eine Kultur ausmacht, eröffnet sich demnach erst über die Perspektive, wie diese ihre eigene Geschichte über narrative Mittel erzählt. Kulturen sind konturiert als »Ensembles von Narrativen […], aber nur insofern, als diese Narrative durch Formen der Medialisierung präsent sind und damit als Repräsentation zur Verfügung stehen,« (ebd., 171) und gehen vor allem in ihrer identitätsstiftenden Funktion auf: als Möglichkeit des In-der-Welt-Seins.

7. Die Pluralisierung der Räume und das Narrativ vom Ursprung

Folgt man Müller-Funks Argumentation von Kultur als Ensemble von Narrativen, deren Erzählformen in den kulturellen Universalien herausgebildet werden, dann rückt für die Analyse erneut die Spur des Films in den Fokus, nicht wie bisher im Sinne einer Untersuchung von medialer Prägung am Beispiel einzelner Sequenzen, sondern als Narrativ im Sinne eines Erzählmusters. Um ein Verständnis über dieses Narrativ zu ermöglichen, möchte ich noch einmal zu Karl Schlögel und dessen Vorschlag einer topographischen Hermeneutik zurückkehren, der Idee einer »um den Geschichtsort kreisenden Darstellung als die am meisten geeignete Form der Vergegenwärtigung von Geschichte« (Schlögel 2011, 10). Als eine äquivalente Darstellungsform für dieses Kreisen um den Geschichtsort stellt auch Schlögel als wichtige Aufgabe die Suche nach geeigneten Narrativen heraus (vgl. ebd., 14). Was aber bedeutet Schlögels Raumplädoyer für das Erzählen? Schlögel stellt dem historischen Narrativ einer chronistischen Geschichtsschreibung ein vom Raum durchdrungenes Narrativ gegenüber.

> Das historische Narrativ folgt der Zeit. Die Chronik ist ihr Prototyp. Im Gerüst der Zeit läßt sich noch das größte Chaos einordnen. Alles [...] lässt sich dort eintragen. Es gibt eine Richtung aus der Gegenwart zurück in die Vergangenheit und vorwärts in die Zukunft. Wir können uns beziehen auf die Vorfahren, auf vorangegangene Generationen. Wir finden Halt in dieser Bewegung. Wir brauchen nur der Zeit zu folgen. [...] Vom Raum können wir das nicht sagen. Es gibt keinen Anhaltspunkt, an den wir uns halten müßten. Er ist offen nach allen Seiten, und es hängt ganz an uns, in welche Richtung wir gehen. Auf einen einzigen Blick nehmen wir wahr, was uns umgibt: alles was gleichzeitig und nebeneinander um uns herum ist. Alles was nebeneinander ist, erscheint auf einmal, zu gleicher Zeit, gleichzeitig. (ebd., 48)

Diesem Plädoyer Schlögels ließe sich jedoch die Linearität als Eigenschaft des Erzählens gegenüberstellen. Müller-Funk spricht mit seinem narrativen Ansatz gerade von der Kombination aus Raum und Zeit, das Erzählen (und damit handelndes In-der-Welt-Sein) aber versteht er als einen notwendig der linearen Zeitordnung verhafteten Prozess: alles Erzählen hat einen Anfang und ein Ende. Diese Annahme scheint jedoch beide wichtigen Charakteristika von Schlögels räumlichen Narrativ, die Gleichzeitigkeit und das Nebeneinander, zu negieren. Und so konstatiert auch Schlögel: »Man kann Geschichten erzählen, die sich entfalten, sich entwickeln, einen Anfang haben und ein Ende. Aber man kann einen Raum nicht erzählen, sondern nur zur Anschauung bringen« (Schlögel 2011, 49). Obwohl sich Schlögel also dem Problem bewusst ist, die lineare Zeitordnung der Erzählung problematisieren zu müssen, ohne dabei selbst eine Darstellungsform zu präsentieren, die das Problem überwindet, plädiert er für ein neues, raumbetonendes Geschichtsnarrativ und findet Ansätze im Akt des Kartenzeichnens:

> Es muß einen Unterschied machen, ob man die Welt stereoskopisch wahrnimmt oder nicht. Deswegen ist das Kartenzeichnen die erste Form der Skizze, des Manuskripts. Wir zeichnen auf dem weißen Blatt Papier die Punkte, die Linien, die Richtungen, die Verdinglichungen und Verkörperlichungen ein. [...] Das Zeichnen von Feldern, von Schnittpunkten, oder von Linien, die an der Bildung des Netzes beteiligt sind, ist eine der Hauptformen der räumlichen Vergegenwärtigung [...]. [...] Karten sind wahrscheinlich die wichtigste Form, die der Mensch sich geschaffen hat, dem Horror vacui zu entgehen, ein Netz von Linien und Punkten, das über den Globus geworfen wird, um sich Orientierung zu verschaffen. Erst wer einen Punkt, einen Halt im Raum gefunden kann [sic!], ist nicht mehr verloren. (ebd., 51)

Dem Vorschlag Schlögels folgend muss eine Darstellungsform also in der Lage sein, ähnlich wie die Kartographie Schnittpunkte und Linien ziehen zu können, um letztlich ein Netz im Sinne einer räumlichen Vergegenwärtigung zu entwerfen und so dem Schrecken von der Verlorenheit im Raum, dem Horror vacui entkommen zu können.

Ich möchte behaupten, dass sich genau diese Forderungen von Schlögel an das filmische Narrativ von *Dieses Jahr in Czernowitz* herantragen lassen, nicht weil dieses das Problem von der linearen Zeitordnung des Erzählens löst, aber sehr wohl ein Narrativ entwirft, das sich über Schnittpunkte und Linien um einen (Gedächtnis-)Ort konstituiert und dabei einen Versuch der räumlichen Vergegenwärtigung unternimmt. Als ein Modell für kulturelles Gedächtnis verlaufen diese Linien vor allem entlang der generationsübergreifenden Erinnerungsprozesse und entlang von Schnittpunkten, die sich aus den Erinnerungen ergeben. Außerdem entstehen Schnittpunkte im Erinnern über den Ort als Ursprung und über den Begriff von Heimat, der direkt mit der Identitätsbildung der befragten jüdischen Personen verbunden ist. Hier zeigt sich die Unterscheidung von Kunst-Kultur und Lebenskultur nach Müller-Funk als praktikabel. Indem der Film ein Narrativ entwirft, das die Netzstruktur von Erinnerungsprozessen mit dem Schnittpunkt eines (Ursprungs-)Ortes nachvollzieht, spiegelt er letztlich auch die (mythische) Erzählung vom Ursprung einer Kultur.

Räumlichkeit gewinnt weiter auf verschiedensten Ebenen an Relevanz: Als Hineinversetzen in und Konfrontation mit dem Raum zur Möglichkeit von Erinnerung und Identitätsbildung. Als das angesprochene raumüberwindende und raumverbindende Narrativ, das eine Schnittstelle im Ursprungsort entwirft. Der eng mit dem Begriff Heimat verknüpften Vorstellung vom Sich-Befinden, mit Müller Funk gesprochen ein In-der-Welt-Sein, sei es in der Sprache, dem konkreten Ort oder etwa in der Photographie als Zeugnis. Wie aber erhält der Raum als Begriff unter diesen heterogenen, auf verschiedenen Ebenen angesiedelten Verwendungen Kontur, und ist er dabei noch brauchbar? Schlögel bejaht dies nachdrücklich und sieht gerade in dieser übergreifenden und vielfältigen Involvierung des Raumes den Gewinn seiner topographischen Hermeneutik:

> Einer der Aspekte der Entfaltung der Räumlichkeit menschlichen Dasein oder menschlicher Geschichte ist die Entdeckung von den vielen Räumen, von der Pluralität der Räume. Dies kann auch nicht anders sein. [...] Man könnte summarisch sagen: es gibt so viele Räume, wie es Gegenstandsbereiche, Themen, Medien, geschichtliche Akteure gibt. Die Pluralisierung der Räume drückt sich bereits im selbstverständlich gewordenen Sprachgebrauch quer durch die kulturellen Milieus und Sphären und quer durch die Disziplinen aus. Wir sprechen von Erinnerungs- und Gedächtnisräumen, von historischen und politischen Räumen, von Geschichtslandschaften, von Räumen der Literatur. [...] Wir kommen ohne Ortsangaben nicht aus, wenn wir eine Epoche beschreiben wollen. Selbst wenn wir nur von Vergangenheit, Gegenwart und Zukunft sprechen, benutzen wir räumliche Angaben: wir gehen zurück in die Vergangenheit, wir leben im Hier und Jetzt, oder wir schreiten vorwärts in die Zukunft. Noch die abstraktesten Charakterisierungen nötigen uns zum Gebrauch räumlicher Termini [...]. Wir brauchen, wenn wir ein Bild von der Welt geben

wollen, eine Vorstellung von einem Zentrum, eine Mitte, wie immer sie bestimmt sein mag, wo immer sie auch angesiedelt ist. All unser Wissen von Geschichte haftet an Orten. [...] Wir haben vor unseren Augen sogar Nicht-Orte. Orte, die wieder verschwunden, untergegangen sind, von denen nichts geblieben ist außer der Erinnerung an sie. Es gibt keine Geschichte im Nirgendwo. Alles hat einen Anfang und ein Ende. Alle Geschichte hat einen Ort. (Schlögel 2011, 68-71)

Gerade durch die pluralistische Verwendung gewinnt nach Schlögel also der Raumbegriff an Relevanz und zeigt gleichermaßen, dass eine Auseinandersetzung mit Erinnerung und damit Geschichte nur über Orte möglich ist. Um die Präsenz dieser Räumlichkeit für die hier behandelten Themen zu verdeutlichen, möchte ich nun einige exemplarische Beispiele aufzeigen, an deren Ende eine Annäherung an das Diaspora-Narrativ steht.

7.1 (Gedächtnis-)Orte als Film-Landschaften

Über die Filme Volker Koepps sprechen heißt, sich mit der Landschaft auseinandersetzen. So schreibt Peter Braun:

> Landschaften spielen in den Dokumentarfilmen von Volker Koepp eine tragende Rolle. Sie erscheinen am Anfang und am Ende, so als könne man von der Welt und den Menschen nur sprechen, wenn man mit der Landschaft einsetzt und mit ihr endet. (Braun 2009, 71)

In der Tat finden sich in beiden bisher angeführten Filmen Koepps direkt zu Beginn solche Landschaften, die bereits angesprochene Totale der schneebedeckten Hügellandschaften der Bukowina in *Herr Zwilling und Frau Zuckermann* und eine Stadtlandschaft Berlins in *Dieses Jahr in Czernowitz* eröffnen die Filme. Einer Analyse der Landschaften aber muss eine Begriffsdefinition vorausgehen. Was ist Landschaft?

Eine erste Annäherung gelingt über Georg Simmel, der in seinem Aufsatz »Philosophie der Landschaft« das Verhältnis von Natur und Landschaft untersucht. Während er die Natur als den »endlosen Zusammenhang der Dinge« (Simmel 1913, 471) beschreibt, als die Einheit eines Ganzen, versteht er die Landschaft als eine »Herausstückung« (ebd.) aus dieser Ganzheit der Natur, die erst durch den Blick als Akt der Wahrnehmung in einem geistigen Gebilde entsteht, Simmel spricht von der »Vereinheitlichungskraft der Seele« (ebd., 480). Landschaft ist demnach »eine singuläre, charakterisierende Enthobenheit aus jener unzerteilbaren

Einheit der Natur« (Simmel 1913, 472). Lucius Burckhardt setzt an dieser Unterscheidung von Landschaft und Natur an und lokalisiert die Landschaft als Konstrukt im Kopf des Wahrnehmenden: »Nicht in der Natur der Dinge, sondern in unserem Kopf ist die ›Landschaft‹ zu suchen; sie ist ein Konstrukt, das einer Gesellschaft zur Wahrnehmung dient, die nicht mehr direkt vom Boden lebt« (Burckhardt 2006, 19).

Landschaft versteht sich in dieser Definition also nicht als die Natur der uns umgebenden Dinge, sondern als Herausstückung durch den Blick, als geistiges Gebilde. An die Idee eines geistigen Gebildes lassen sich die Überlegungen zum Mythos von Jan Assmann und Roland Barthes anschließen. Die »Vereinheitlichungskraft der Seele«, die bei Simmel Landschaft hervorbringt, ist mit Assmann als Übergang von Wahrgenommenem in das Gedächtnis verstehbar, als semiotischer Akt der Sinngebung durch Zeichenbildungsprozesse. Während Simmel die Zeichenhaftigkeit der Landschaft bereits anzudeuten scheint, kategorisiert Burckhardt sie als Zeichensysteme und enthebt sie damit einem natürlichen Status, versteht sie vielmehr als Teil kultureller Schöpfung. Burckhardt fragt konsequenterweise nach den Komponenten des Zeichens und dem Sinn:

> Weder [...] kann die Landschaft das Objekt oder Motiv, noch kann sie der Inhalt der Aussage sein. [...] Gerade dieses aber macht den gesellschaftlichen Charakter der Bedeutung der Landschaft aus: daß die Aussage nicht im Objekt selbst, sondern in seiner kulturellen Interpretation, im Kulturgut liegt, durch das wir die Landschaft sehen und verstehen lernen. (ebd., 21)

Was Burckhardt hier beschreibt, lässt sich unter anderem mit Barthes als Konstruktion eines Mythos verstehen, denn was für Burckhardt Kulturgut ist, lässt sich mit Barthes als Begriff, dem Bedeuteten zweiter Ordnung, nachvollziehen. In der Kombination von Assmann und Barthes lässt sich auch von der Geschichte sprechen, die an dem Zeichensystem Landschaft haftet und damit ihre Relevanz für kulturelle Erinnerungsprozesse gewinnt. Landschaft, die weder Inhalt einer Aussage noch Ort der Aussage selbst sein kann, sondern über die kulturelle Interpretation Kontur gewinnt, ist je nach Perspektive Mythos, Ausformung eines Erinnerungszugangs oder Spur als kulturell hervorgebrachtes Zeichen und gewinnt damit Relevanz für die (kollektiven) Erinnerungsprozesse von

Kulturen. Hervorzuheben aber ist die räumliche Komponente, die bei der Konstruktion von Landschaft aufscheint und die auch Jan Assmann thematisiert, indem er die Erinnerungskultur als »Zeichensetzungen im natürlichen Raum« (Assmann 2007, 60) charakterisiert. Der Mythos in Verbindung mit einer Landschaft ist demnach nicht wie die Sprache linear, sondern räumlich. Weil die Landschaft als inneres Bild im Kopf des Menschen einen visuellen Charakter besitzt, ist »der Anwesenheitsmodus […] räumlicher Art« (Barthes 1964, 102). Assmann bezeichnet die Landschaften daher auch als »Menemotope‹, Gedächtnisorte« (Assmann 2007, 60). Das besondere Potenzial dieser Gedächtnisorte bringt Aleida Assmann auf den Punkt, wenn sie angibt, dass diese

> Erinnerung festigen und beglaubigen, indem sie sie lokal im Boden verankern, sie verkörpern auch eine Kontinuität der Dauer, die die vergleichsweise kurzphasige Erinnerung von Individuen, Epochen und auch Kulturen, die in Artefakten konkretisiert ist, übersteigt. (Assmann 2009, 299)

Der Begriff Landschaft ist jedoch in der hier gewählten Definition nur *ein* Versuch der Annäherung an Gedächtnisorte. Dies liegt nicht zuletzt an der Schwierigkeit, die Gedächtnisorte begrifflich zu fassen. In seinem Versuch, die Medialität der Gedächtnisorte nachzuvollziehen und Pierre Noras lieux de memoire, aus denen das Konzept der Gedächtnisortes erst hervorgeht, begrifflich einzuordnen, hält Patrick Schmidt als Resultat seiner Untersuchung fest:

> In einer differenzierenden Perspektive könnte man auf die Frage »Was ist ein *lieux de memoire*« eine fast unbegrenzte Zahl von Begriffen nennen, die allesamt zumindest einzelne Gedächtnisorte zutreffend beschreiben würden: Symbole, Mythen, Erinnerungsfiguren, Monumente, Gedächtnislandschaften, »narrative Abbreviaturen« […]. (Schmidt 2004, 42)

In Bezug auf die beiden hier besprochenen Filme möchte ich ob der Schwierigkeit einer genauen Begriffsbestimmung daher eine Perspektive wählen, mit der ich mich auf zwei Aspekte der Kombination von (filmischer) Landschaft und (Gedächtnis-)Ort konzentriere: die Konfrontation der Erinnernden mit den (Gedächtnis-)Orten und die anhand der filmischen Darstellung eröffnete Reflexion der an Orte gebundenen Erinnerungsprozesse – und im Besonderen die Beschäftigung mit Friedhöfen als Orte der (Wieder-)Begegnung, als Kondensationspunkte für

Erinnerung, vom Film als Landschaften mit Potenzial für geschichtliche Verdichtung und generationsübergreifende Identitätsbildung sowie als Schwelle zwischen Erinnern und Vergessen, lebendigem und mediengestütztem Gedächtnis thematisiert.

Die (Film-)Landschaft als Grenze des Verstehens

In der folgenden Analyse geht es nicht um die Beschäftigung mit Landschaften als eigens herausgestückte, geistige Gebilde, sondern um Filmbilder, die bereits eine Auswahl getroffen haben und dem Wahrnehmungsakt des Zuschauers vorgeschaltet sind. Über die Perspektive Spur des Mediums lässt sich anfügen, dass die Landschaft im Film bereits medial geprägt ist. Will man die Landschaft als Zeichen (über Spur oder Mythos) lesen, so muss das dem Film angeschlossene Zeichensystem mitgedacht werden, denn der Zuschauer blickt auf eine bereits vorausgewählte Landschaft. Für die Filmrezeption bedeutet dies zwangsläufig, dass jeder Gedächtnisort im Sinne Assmanns bereits als filmisch präfigurierte Landschaft erscheint, der Zeichenbildungsprozess also nur bedingt im Kopf des Zuschauers stattfindet, ein Umstand den der Film durch das Hineinversetzen der befragten Personen in die (Gedächtnis-)Orte reflektiert und damit deutlich macht, dass die präsentierten, filmischen Landschaften weniger als zu lesende Zeichen für den Zuschauer eine Geschichte tragen, sondern der Zeichenbildungsprozess durch die befragten Personen und damit erneut die *Konstruktion* von Erinnerung und Geschichte in den Fokus rückt. Die genannten Landschaften zu Beginn des Films gehen so zwar in einer Perspektive des Mythos als Träger für Geschichte auf, bleiben für den Zuschauer aber in besonderem Maße überdeterminiert und stumm, wenn er sie nicht gerade aus eigener Erfahrung (er-)kennt. Wieso aber nehmen gerade Landschaften eine solch wichtige Position ein? Schlögel beschreibt die Ambivalenz aus herausragendem Potenzial für Identitätsbildung und gleichzeitiger Opazität:

> Landschaft ist das Integral, die Totale, das Zugleich. […] Wir sind die Kinder unserer Landschaft, sie diktiert unser Verhalten und sogar unser Denken in dem Maße wie wir ihr gegenüber aufgeschlossen sind. Ich kann mir keine bessere Identifizierung vorstellen. Weil die Landschaft das Zentrum, der Lebensmittelpunkt ist, ist es das am meisten Umstrittene, Bestrittene, Umkämpfte, für Mythisierungen und Ideologisierungen

Anfällige. Es gibt Äquivalente oder Fast-Äquivalente für Landschaft: Region, *landscape*, Heimat. […] Landschaft ist ein Terminus, der bei aller Plastizität doch nie seine Form verliert, gleich wovon er handelt: von Ruinenlandschaft oder Gedächtnislandschaft, von Menschenlandschaft oder Stadtlandschaft. Immer geht es um das zur Form gewordene Gesamt, das Ensemble. […] Landschaften lesen und dechiffrieren ist daher fast so etwas wie ein Schlüssel zur Völker-, Volks- und Menschheitsgeschichte. (Schlögel 2011, 284-285)

Mit seinen Ausführungen wirft Schlögel die Definition von Kultur nach Müller-Funk wieder auf. Wenn Kultur als In-der-Welt-Sein durch Erzählen verstanden ist, dann ist die Form der Erzählung dicht an das Landschaftskonstrukt gekoppelt, das der Mensch dem ihm umgebenden Raum entgegensetzen kann. Eine Landschaft sehen, fühlen oder hören bedeutet, sich in der Welt zu befinden und damit einen Halt im Raum zu haben. Gerade deshalb ist die Landschaft als Erinnerungszugang so wichtig und kann in besonderem Maße Identität stiften, ist dabei gleichermaßen streng an den Blick gebunden, der die Landschaft erst erzeugt. Indem die Landschaft Voraussetzung für das In-der-Welt-Sein ist, kann sie auch in besonderem Maße als Träger für die Erzählungen einer Kultur fungieren und dabei die Erzählungen nicht nur als Fragmente, sondern in ihrer Gänze an sich binden, Schlögel spricht von »Totale« und »Form gewordenem Gesamt« (ebd.). Gerade die Betonung der Form weist auf die Methode Müller-Funks zurück: Wenn die Untersuchung von Kulturen weniger in einer genauen inhaltlichen Definition des Begriffes aufgeht, sondern in der Beschreibung der narrativen Mittel und Erzählformen geschärft werden kann, dann zeigt sich die Landschaft als prädestinierte, weil konstante und gleichzeitig unverzichtbare Form des Weltbezuges, als Möglichkeit von Dasein und Erzählen. Die Landschaft kann auch deshalb von allem (oder nichts) erzählen, weil sie ein Sich-Beziehen vom Menschen auf den Raum einleitet. Wenn alle Geschichte einen Ort braucht, wie Schlögel festhält, dann ist die Landschaft der vom Mensch erzeugte Halt in der Welt, der eine Form liefert, von dem aus Erzählen der Geschichte erst möglich ist. In dieser Feststellung ist jedoch auch die Opazität der Landschaft verstehbar: Wenn die Landschaft der individuelle Blick auf die Welt ist, dann gibt er dem Besitzer des Blickes Halt. Er verschließt sich aber gleichsam denen, die ebendiese Landschaft nicht selbst mit ihrem Blick hervorbringen und kein Verhältnis des Sich-Befindens über die Landschaft erzeugen. Der Zuschauer des Films ist also in einer zutiefst ambivalenten Position: Er sieht eine Landschaft, die Halt und Form geben kann, und ihn doch als Betrachter eines bereits geformten, fremden Blicks außen vor lässt. Vielmehr als eine Ahnung von dem, was diese Landschaft an identifikatorischem Potenzial birgt, scheint für den Zuschauer des Films kaum möglich. Die filmische Landschaft ist daher für den Zuschauer vor allem zweierlei: elementare Form für das Verständnis von Kultur wie Identität und kaum überwindbare Grenze des Verstehens.

Diese Ambivalenz reflektiert der Film im Hineinversetzen der befragten Protagonisten in die Landschaft, wie ich an einer exemplarischen Sequenz verdeutlichen möchte. So führt *Dieses Jahr in Czernowitz* den Schriftsteller Norman Manea zu Beginn durch eine Sequenz über sein Verhältnis zur Landschaft ein. Diese erzeugt als Totale mit Horizontlinie eine pittoreske Flächigkeit, die an Konventionen der Landschaftsdarstellung aus der Malerei erinnert. Es folgt ein langsamer, horizontaler Schwenk, welcher Herrn Manea ins Bild rückt, der wiederum auf die Umgebung seines neuen Lebensortes in der Nähe von New York blickt.

Norman Manea beim Betrachten der Landschaft

Er dreht sich zur Kamera und spricht über sein Verhältnis zu der von ihm erblickten Landschaft: »Vielleicht ist es nicht gerade Bukowina, aber für mich, die Melancholie und die Schönheit, erinnert mich an Bukowina. […] Die ganze Atmosphäre ist für mich Bukowina, die Ruhe, die Melancholie, die Schönheit. Ein sehr guter Moment, sich zu erinnern.« Anschließend schwenkt die Kamera wieder zurück und zeigt die zuvor bereits dargestellte Landschaft. Obwohl gerade die von Manea thematisierte Relevanz von Atmosphäre für eine genauere Untersuchung interessant wäre, möchte ich mich auf das reflexive Moment der Darstellung konzentrieren. Der Film zeigt nicht einfach eine durch den Kamerablick ausgewählte Landschaft, sondern spiegelt die subjektiv erzeugte Landschaft als Konstruktion und damit das filmische Vorgehen insofern, als dass der Blick von Manea den Blick der Kamera kommentiert. Wie zuvor bereits an anderen Beispielen ausführlich argumentiert, kann auch die Landschaft, egal ob unter der Perspektive medialer Erinnerungszugang, Spur oder Mythos, nur über den Interpretanten verstanden werden, und damit ebenso Erinnerung, Geschichte und kulturelle Identität. Der Film macht diese Feststellung bewusst und reflektiert damit die Prozesse wie auch sich selbst als Ort, der die Prozesse thematisiert. Die Landschaft ist durch den Film als ambiges, subjektives und fragiles Konstrukt markiert, der Film als Ort dieser Konstruktion mit reflektiert und weist nicht zuletzt die Ambivalenz für den Zuschauer aus: Die Landschaft, die Manea über seinen Blick konstruiert und über die er spricht, ist nicht mit der filmischen Landschaft durch den Kamerablick identisch, sondern dieser nur nahe. Nachvollziehbar ist für den Zuschauer somit streng genommen nur die Konstruktion von Landschaft, von Maneas Landschaft, seine Beziehung zu dem (Gedächtnis-)Ort aber bleibt nicht viel mehr als eine Ahnung.

Friedhof als (Gedächtnis-)Ort

Bei der Suche nach wichtigen (Gedächtnis-)Orten stößt man in Koepps Filmen unweigerlich auf Friedhöfe. Diese werden insbesondere in *Herr Zwilling und Frau Zuckermann* in den Fokus gerückt. Eine erste Sequenz beginnt mit einer Totalen des Stadtpanoramas von Czernowitz, es folgt ein Schwenk auf den jüdischen Friedhof der Stadt und dessen Begehung durch Herrn Zwilling. Koepps Begegnung mit der Waschkutzer Jüdin Rosa Liebermann findet ihren Höhepunkt in dem Besuch einer alten Grabstätte, wo deren Vater beerdigt ist. Zum Ende kehrt der Film mit einer der letzten Sequenzen nochmals zum jüdischen Friedhof von Czernowitz zurück. Koepp begleitet auch Herrn und Frau Weissmann in *Dieses Jahr in Czernowitz* an ebendiesen Friedhof. Warum aber nimmt der Friedhof eine derart wichtige Stellung ein?

Eine Antwort findet sich in der besonderen Eignung des Friedhofs als für Erinnerungsprozesse verdichteter Ort von Leben und Tod. Jan

Assmann weist im Anschluss an die Definition der Gedächtnisorte auf die Wichtigkeit des Totengedenken als Kommunikationsform für das kulturelle Gedächtnis hin, vor allem auf die Möglichkeit für generationale Kontinuierung:

> Je weiter wir in der Geschichte zurückgehen, desto dominierender trifft diese Rückbindung der Gruppe an die Toten und Ahnen hervor. [...] In der erinnernden Rückbindung an die Toten vergewissert sich eine Gemeinschaft ihrer Identität. (Assmann 2007, 61/63)

Die erinnernde Rückbindung an die Toten gestaltet sich jedoch gerade gegenüber den im Zweiten Weltkrieg Ermordeten als schwierig, wie bereits im Zusammenhang mit der Photographie deutlich wurde. Weil die Vernichtung auf eine komplette Auslöschung abzielte, die oft auch erreicht wurde, bestehen insbesondere für die jüdische Bevölkerung kaum noch Möglichkeiten zur Erinnerung an die Toten. Einer der letzten Orte, der für das Totengedenken bleibt, ist der Friedhof als Ort der Begegnung mit den Verstorbenen, als Zeugnis für die vormalige Existenz von Familie, Verwandten und Freunden im Sinne der Spur. Schlögel spricht daher auch von den Friedhöfen als »Orte der Kohabitation von Lebenden und Toten« (Schlögel 2011, 437).

Friedhöfe zwischen Ort und Nicht-Ort, Erinnern und Vergessen

Die erste angeführte Sequenz aus *Herr Zwilling und Frau Zuckermann*, so möchte ich behaupten, trägt durch die filmische Darstellung das Verhältnis zwischen Leben und Tod an den Ort als filmische Landschaft heran. Zunächst ist eine Totale des blauen Himmels zu sehen, kurz darauf folgt ein vertikaler Schwenk auf das Stadtpanorama von Czernowitz, dessen Silhouette das Bild auf mittlerer Höhe durch eine Horizontlinie teilt und diesem einen pittoresken Charakter verleiht, bevor der Schwenk auf horizontaler Achse weiter verläuft und die Kamera beginnt, den jüdischen Friedhof einzufangen, schließlich auf den massiven Grabsteinen zum Stillstand kommt.

Stadtbild von Czernowitz und der örtliche Friedhof

Die hier hervorgebrachte Landschaft, mit Horizontlinie, aus überhöhter Position gefilmt und damit erneut stark an die Bildkomposition der Malerei angelehnt, verbindet zwei Orte: die Stadt Czernowitz und den jüdischen Friedhof. Weiter aber könnte man behaupten, dass die so entstandene Landschaft Gegenwart und Vergangenheit, lebendige und tote Bewohner zusammenführt.

Darüber hinaus zeugen die Friedhöfe noch von einer weiteren Verbindung: zwischen der deutschen Sprache und der jüdischen Bevölkerung, die in Vergessenheit zu geraten droht und doch Teil der Identität gerade der noch lebenden Juden und ihrer Nachfahren ist. Hier lässt sich die zweite Sequenz exemplarisch anführen. Die Kamera begleitet Rosa Liebermann zu den mit Sträuchern überwucherten Grabsteinen, während diese bemerkt: »Sehen sie, das ist alles auf Deutsch geschrieben.« Die Kamera schwenkt auf die verwitterten Grabsteine, auf denen noch einzelne Inschriften auf Deutsch zu erkennen sind. Nach einem Schnitt ist Liebermann zu sehen, die sich durch die Sträucher hindurch auf die Suche nach dem Grab ihres Vaters macht. Als sie dieses kurz darauf nach einiger Anstrengung findet, berührt und küsst sie den Grabstein, beginnt zu weinen und zu ihrem Vater zu sprechen: »Ich bin allein geblieben wie ein Stein. […] Es sind nur zwei jüdische Kinder übrig geblieben in Waschkautz, vom jüdischen Schtetel. So ist es, so ist unser ganzes Leben.«

Rosa Liebermann besucht das Grab ihres Vaters

Die Sequenz ist auch deshalb so eindrücklich, weil sie eine Landschaft hervorbringt, an der Geschichte in »Form transtemporaler Kommunikation, Gespräch zwischen den Generationen, Zwiegespräch der Lebenden und Toten« (Schlögel 2011, 446) kondensiert ist, als Ort aber prekär und im Verschwinden begriffen ist. Die von überwuchernden Sträucher versperrten Grabsteine, so ließe sich gemäß Schlögel argumentieren, zeigen den Übergang von Ort zu Nicht-Ort an, als ein im Verschwinden begriffener Halt im Raum zwischen Tod und Leben, von dem bald nur noch Erinnerung bleibt. Die Friedhofslandschaft ist damit nicht nur Ort der Begegnung mit Geschichte, sondern auch ein in der Auflösung begriffener, zukünftiger Nicht-Ort, an dem sich Erinnern und Vergessen räumlich verdichten und nebeneinander stehen. Die Landschaft ist markiert in einem Zeitfeld von »Noch Gegenwart von Vergehendem und Vergangenem« (Assmann 2007, 13).

In beiden noch verbleibenden Sequenzen lässt sich der Übergang von Ort zu Nicht-Ort, von Vergehendem und Vergangenem ebenso herausstellen. Zum Ende von *Herr Zwilling und Frau Zuckermann* ist die Landschaft erneut mit einem Schwenk vom blauen Czernowitzer Himmel eingeleitet, diesmal jedoch nicht mit einer Totalen der Stadtsilhouette. Die

Kamera fängt von einer erhöhten Position filmend vielmehr den gesamten jüdischen Friedhof ein, macht die vielen Tausend Gräber sichtbar, die sich auf ihm befinden.

Totale des jüdischen Friedhofs in Czernowitz

Die Landschaft hebt den Ort dabei von der individuellen Erinnerungsarbeit auf eine kollektive Ebene im Sinne eines kulturellen Gedächtnisses. Aleida Assmann hält zur wichtigen Funktion der Gräber fest:

> Auch die Ruinen und Relikte sind nur Zeigefinger auf die konkrete Stelle, wo sich einst Leben und Handlungen abspielten. Während diese aber auf etwas zeigen, was abwesend ist, bleibt das Grab als Ruhestätte des Toten […] ein Ort numinoser Präsenz. (Assmann 2007, 324)

Die Landschaft zeugt demnach von dem Ort numinoser Präsenz, der auch den Toten einen Halt im Raum verleiht und die Rückbindung auf die Verstorbenen ermöglicht. Die unzähligen Gräber zeugen nicht nur von den Verstorbenen der befragten jüdischen Verwandten, sondern sind Teil einer Filmlandschaft, die den Friedhof als kollektiven, für die jüdische Kultur relevanten Gedächtnisort markiert, neben der numinosen auch die numerische Präsenz der Toten sichtbar macht: die Massengräber als Auswirkung der Massenvernichtung im 20. Jahrhundert, der Friedhof als Ort der kollektiven Bezugnahme auf die Verstorbenen.

Der Friedhof als mediale Landschaft und Zeugnis

In der letzten signifikanten Sequenz begleitet Koepp das in Berlin lebende Ehepaar Weissmann in *Dieses Jahr in Czernowitz* zum jüdischen Friedhof. Das Ehepaar versucht sich zwischen den schneebedeckten und von Sträuchern umwuchernden Wegen zu orientieren und findet schließlich das Grab des Onkels. Sie befreien es von dem aufgetürmten Schnee, um die Inschriften lesbar zu machen.

Das Ehepaar Weissman am Grab von Edi Wagner

Herr Weissmann erläutert den gewaltsamen Tod des Onkels im Alter von 26 Jahren. Es folgt nach einem Schnitt eine Nahaufnahme des Grabsteins, der sowohl hebräische als auch deutsche Inschriften trägt. Erneuter Schnitt, Herr Weissmann spricht wie auch Frau Liebermann ein jüdisches Gebet, um sich an den Verstorbenen zu richten. Ein weiterer Schnitt, nun ist der schneebedeckte Friedhof in einer Totalen zu sehen. In der nächsten Einstellung sind nun in Nahaufnahme auf einem Tisch ausgebreitete Photographien zu sehen. Zwei der Photographien zeigen Menschen beim Totengedenken auf dem Friedhof, vermutlich neben den Grabsteinen ihrer Verwandten und Freunde.

Bilder des Friedhofs, als Totale und als Schwarz-Weiß-Photographien

Der Film verbindet an dieser Stelle durch Montage Friedhof und Photographie und reflektiert damit die eigene Position auf bemerkenswerte Weise. Der noch präsente Ort ist auf der Schwelle zum Nicht-Ort, auf den sich nur noch über Erinnerung bezogen werden kann. Was bleibt, so suggeriert die Montage, sind erneut nur die Bilder. Der Übergang von Ort zu Nicht-Ort ist somit auch einer von lebendigem in mediengestütztes Gedächtnis, für das die Photographie als Zeuge im Sinne der Spur einen letzten verbleibenden Zugang zu Erinnerung bereitstellt. Einmal mehr ist diese Feststellung auch eine (selbst-)referenzielle Reflexion über den Film als Modell für kulturelles Gedächtnis. Dieses erzeugt Landschaften eines Ortes, den es im Moment der Rezeption des Filmes durch den Zuschauer vielleicht schon nicht mehr gibt, nicht als Abbild, aber als Möglichkeit der Funktionalisierung im Sinne eines Zeugen. So sind auch der Film und seine bewegten Bilder an dieser Stelle vor allem Zeugnis im Sinne der Spur, einer der letzten Möglichkeiten, um sich auf einen verschwindenden Ort und die mit diesem verbundenen Menschen, Erinnerungen, Geschichten, auf eine Kultur zu beziehen, ohne dass der Ort selbst zu Anschauung gebracht werden könnte. Statt der Orte bringt der Film Vorstellungen der Orte über Landschaften hervor und bietet damit doch einen Weg der Annäherung, der sonst versperrt bliebe. Was bleibt sind die überdeterminierten und gleichermaßen stummen Filmlandschaften, der Film als Zeugnis an der Schwelle zwischen Erinnerung und Vergessen.

7.2 »Diaspora-Narration« und die Idee vom Ursprungsort

Am Beispiel des Friedhofes zwischen (Gedächtnis-)Ort und (Film-)Landschaft ist die Relevanz von Räumlichkeit und Zeitlichkeit gleichermaßen deutlich geworden. In einem abschließenden Schritt möchte ich nun das Diaspora-Narrativ von *Diese Jahr in Czernowitz* ansprechen, um aufzuzeigen, das in diesem die Erzählform zur Konstitution von Kulturen im Sinne Müller-Funks reflektiert sowie der Versuch eines um einen Ort kreisenden, Raum betonendes Narrativs unternommen wird.

Als Anhaltspunkt dienen mir die Ausführungen von Peter Braun, der den Begriff der Diaspora-Narration als kulturelles Modell für Erinnerung auf *Dieses Jahr in Czernowitz* bezieht:

> Bei der Diaspora-Narration handelt es sich um ein sehr komplexes Modell kultureller Erinnerung, in dem Erfahrungen des Exils und mithin kultureller Heterogenität und Differenz ebenso Platz finden wie die Vorstellung eines einheitlichen Ortes der Herkunft, des Ursprungs. [...] Zugleich vollzieht er [der Film – Einfügung M. P.] aber auch dieses Modell [der Diaspora als Erinnerungsmodell – Einfügung M. P.] in seiner Erzählung nach, setzt es gleichsam um, indem er die stets mitschwingende Hoffnung auf ein Ende der Diaspora verwirklicht und einige Menschen diese nur im Erinnern vollzogene Bewegung tatsächlich als Reise unternehmen lässt – als Reise, die Gegenwart, Vergangenheit und Zukunft, gebunden an den Ort Czernowitz umklammert. (Braun 2009, 86-90)

Braun spricht ähnlich wie Müller-Funk von der Erzählform als Konstrukt zur Annäherung an Kultur und verortet die Diaspora-Narration in der jüdischen Kultur und der gerade im 20. Jahrhundert verstärkt erfahrenen Flucht, Vertreibung oder dem selbst gewähltem Heraustreten aus dem ehemals belebten, heimischen, ursprünglichen Raum. In Bezug auf die jüdische Kultur wählt Braun eine der jüdischen Religion entsprungene mythische Erzählung um den Tempel Salomons, die das Verhältnis von Identität und Ursprungsort zu beschreiben versucht. Der Erinnerungsprozess, so Braun, funktioniere über einen Ursprungsort, der »für die Juden in der Diaspora der Tempel Salomons in Jerusalem das geistige und spirituelle Zentrum geblieben ist, auf das sie ihr Leben stetig ausgerichtet haben, obwohl sie zugleich wussten, dass der Tempel zerstört war«

(Braun 2009, 85). Jüdisches Erinnern[15], so implizieren Brauns Aussagen, ist nicht nur stark räumlich geprägt, sondern vollzieht sich von einem narrativ hervorgebrachten, kulturellen Ursprungsort, dessen Existenz scheinbar nur noch über Erinnern aufrechterhalten werden kann, der aber gegenwärtig nicht mehr vorhanden ist. Mit Müller-Funk ließe sich anschließen, dass es dieser Ursprungsort ist, der als Anfang und Ende der Erzählung die Narrative der Kultur bestimmt, als Halt im Raum gemäß Schlögel, der In-der-Welt-Sein möglich macht.

Müller-Funk untersucht die Idee des Ursprungsortes in Verbindung mit dem Erzählen in der jüdischen und deutschen Kultur, versteht sie über die diachrone Perspektive des Mythos als Versuch einer Identitätsstiftung über eine große Erzählung und sieht in ihr »die utopische Sehnsucht nach einer narrativen Ordnung, die den heimatlos gewordenen, sich selbst und einander entfremdeten Menschen einen gemeinsamen Ort zuweist« (Müller-Funk 2008, 103). Er versteht den Mythos dabei ähnlich wie Assmann als Produkt eines Zeichensystems, das gerade auf kollektiv-gesellschaftlicher Ebene Relevanz erhält:

> Zunächst einmal sind alle Mythen, alte wie neue, übergreifende, sinnstiftende Systeme, die das Verhältnis des einzelnen zu einem an sich nicht faßbaren Ganzen explizit, vor allem aber implizit regeln. […] Der Mythos ist eine Erzählung, die die Dimension des einzelnen zeitlich wie räumlich übersteigt und ihm zugleich einen Platz zuweist. […] Der vom Mythos aufgesuchte Ort des Ursprung ist exakt jener Ort, der vergessen war und nunmehr wiedererinnert wird und damit den Einzelnen einen archimedischen Bezugspunkt verschafft. (ebd., 104f.)

Der Mythos, den Müller-Funk in Abgrenzung zum Begriff Narration als »*eine* Form des Erzählens, keineswegs die einzige« (ebd., 106) beschreibt, entwirft demnach eine Form des Erzählens, aus der kollektive Identität und damit ein Kulturnarrativ entworfen werden kann. Wie nun reflektiert *Dieses Jahr in Czernowitz* diese mythische Erzählung als Teil der kulturellen

---

15 An dieser Stelle lässt sich durchaus der generalisierende Charakter der Aussage von *dem* jüdischen Erinnern kritisieren. Ich möchte jedoch weniger eine Analyse folgen lassen, die festhält, inwiefern sich jüdische Kultur tatsächlich immer über die Diaspora-Narration als Modell für kulturelles Erinnern konstituiert, sondern das aufgeworfene Modell am genannten Filmbeispiel erörtern.

Identitätsbildung und welche Rolle spielt Czernowitz als erzählter Ursprungsort?[16]

Czernowitz als erzählter Ursprungsort

Eine Analyse der ersten Hälfte des Filmes zeigt, dass Czernowitz als Ort zunächst nur implizit thematisiert ist, als »eine Art imaginäre Größe« (Braun 2009, 89) von generationsübergreifenden Erinnerungsprozessen. Anstatt wie noch in *Herr Zwilling und Frau Zuckermann* den ehemaligen Bewohnern in der Stadt Czernowitz zu begegnen, sucht der Film seine Protagonisten, die Czernowitz oder die Bukowina entweder verlassen oder noch nie zuvor besucht haben, in ihren aktuellen Lebensorten auf, um sie zu ihrem Verhältnis zu Czernowitz zu befragen. Zunächst sucht er Familie Weissmann in der bereits besprochenen Sequenz in Berlin auf. Das gleiche Vorgehen lässt sich für die weiteren Protagonisten feststellen. Den Schriftsteller Norman Manea, auch diese Sequenz wurde bereits angeführt, begegnet der Film in der Nähe von New York, befragt ihn sowie Freunde und Bekannte zur erfahrenen Diaspora, ihrer Flucht aus der Bukowina.

Es folgt eine Begegnung mit dem amerikanischen Schauspieler Harvey Keitel, ebenfalls in New York. Erneut steht dabei das Verhältnis zur Bukowina im Mittelpunkt, aus der Keitels Mutter stammt. Die letzte Station ist Wien, hier sucht der Film die beiden Schwestern Katja Rainer und Evelyne Mayer auf, deren Vater und Großeltern aus Czernowitz stammen. Erst nach etwa einer Stunde thematisiert der Film explizit Czernowitz als Ort, leitet ihn mit einer Landschaftsaufnahme der Stadt ein.

In den Befragungen der einzelnen Personen zeichnet der Film so in der ersten Hälfte den Ort Czernowitz als eine auf generationaler Ebene,

---

16 Ich möchte hier weniger eine exakte Nachzeichnung des gesamten Narrativs erreichen, die in einer narratologischen Untersuchung aufgeht, sondern vielmehr die Bewegung hin, zu und um den Ursprungsort verdeutlichen, in dem das Moment der Reflexion liegt. Obwohl gerade ein semiologisch-strukturalistischer Zugang für eine umfassende Analyse interessant ist, soll darauf bewusst verzichtet werden, um nicht den Rahmen der Untersuchung zu sprengen. Um das Narrativ von *Dieses Jahr in Czernowitz* in seiner Nähe zur vorgestellten Idee der Diaspora nachzeichnen zu können, möchte ich stattdessen auf die räumliche Metaphorik des Kartenzeichnens von Karl Schlögel Bezug nehmen, die eine Konturierung erleichtert und im Rahmen der Analyse eines Ursprungsortes zwischen Erzählung, Erinnerung und Raum zielführend ist.

über Erzählungen medial geformte Vorstellung nach. Da einige wichtige Ausführungen der Befragten bereits in den vorangegangenen Kapiteln über die medialen Erinnerungszugänge ausführlich besprochen wurden, möchte ich an dieser Stelle auf eine erneute Auseinandersetzung verzichten. Dennoch scheint bei allen befragten Protagonisten eine *Vorstellung* des Ortes auf: Norman Manea blickt auf die Landschaft und formt an ihr Erinnerungen an die Bukowina, Nadine Weissmann spricht von ihrer Vorstellung von einem ›schwarz-weißen‹ Czernowitz, und Evelyne Mayer erzählt von Czernowitz als Ort in der Seele ihres Vaters, der durch Beschäftigung mit Photographien und Koepps Film *Herr Zwilling und Frau Zuckermann* das Bild eines geographischen Ortes entworfen hat. Ohne auf die Involvierung des Medialen in die Erzeugung dieses Ortes im Detail zurückzukehren, funktionieren doch alle Ausführungen über mediale Konfigurationen, die eine räumliche Vorstellung eröffnen: Die Erinnerungen an Czernowitz, ob eigens erlebte oder innerhalb der Familie über Generationen tradierte, gerinnen über einen raumöffnenden Gebrauch von medialen Erinnerungszugängen, der die individuellen wie generational-familiären Erinnerungsprozesse figuriert. Czernowitz ist dabei vor allem ein *erzählter Ort*, hervorgebracht aus der Beschäftigung mit mündlichen Erzählungen in der Familie, der Auseinandersetzung mit alten Photographien, der Literatur, dem Film oder der Landschaft. Eine Liste, die sich noch um andere mediale Erinnerungszugänge erweitern ließe. Czernowitz als durch die Protagonisten erzählter Ort erscheint dabei als Nicht-Ort nach Schlögel, auf den nur noch eine Bezugnahme über Erinnerung möglich scheint. Ähnlich der mythischen Erzählung um den Tempel Salomon wird sich auf einen Ort bezogen, dessen Existenz abseits von Erinnerung unsicher und prekär ist, eine Schwelle, die schon in der Untersuchung der Friedhöfe als (Gedächtnis-)Orte aufschien.

Indem der Film, um die Metaphorik des Kartenzeichnens beizubehalten, Punkte auf der ›Landkarte‹ setzt, für die Czernowitz immer schon als Ausgangspunkt und Zentrum fungiert, ohne dass der Ort selbst ins Bild gesetzt ist, entwirft er über mediale Erinnerungszugänge einen Ursprungsort als »entrücktes, zugleich aber noch sehr gegenwärtiges Zentrum eines transnationales Netzes, das sich über verschiedene Länder Europas und die USA legt« (Braun 2009, 89).

Die Reise als gespiegelte Erinnerung

Im zweiten Teil des Films findet von dem transnational entworfenen Netz aus eine Rückführung zum Ort Czernowitz statt, indem die Protagonisten dem zuvor nur erinnerten Ort begegnen. Zunächst folgt der Film Herrn und Frau Weissmann bei ihrem Besuch der Stadt, begleitet beide auf der Suche nach den Geburtshäusern ihrer Eltern, die nur wenige Meter entfernt voneinander aufgewachsen sind, anschließend auch bei der Begegnung mit dem Sänger Johann Schlamp, der wie Herr Zwilling und Frau Zuckermann als einer der letzten Überlebenden der jüdischen Bevölkerung von Czernowitz dort geblieben ist, und bei der Begehung des jüdischen Friedhofs, wo Herr Weissmann mit seiner Frau das Grab seines Onkels besucht. Norman Manea begleitet der Film in die Bukowina und zu dem Haus seiner verstorbenen Mutter, den Schwestern Evelyne Mayer und Katja Rainer folgt er bei einem Besuch eines Dorfes nahe Czernowitz, in dem die Großeltern aufgewachsen sind, und zuletzt heftet er sich an Harvey Keitel, der die jüdische Gedenkstätte für die ermordeten Juden Bukowinas, das Geburtshaus Paul Celans, aufsucht, und am Ende eines von Celans Gedichten vorträgt.

Nach einer ersten Bewegung, die ähnlich einer Landkarte als Entwurf eines transnationalen Netzes verstanden werden kann, bei dem die verzeichneten gegenwärtigen Lebensorte von einem bis dahin durch Erinnerung konstruierten Ursprungsort abstrahlen, folgt in der zweiten Hälfte des Films also eine Konfrontation des *erzählten Ortes* mit dem *konkreten, gegenwärtigen Ort*. Der Film führt die entworfenen Lebensorte als Punkte und die dort lebenden Personen in einem kartographischen Raumkonstrukt in ein gemeinsames Zentrum in und um Czernowitz zurück.

Der Film entwirft demnach ein Narrativ, das eine abstrahlende, konzentrische Bewegung spiegelt, die von einem Zentrum ausgeht, das zwischen imaginärem Nicht-Ort und konkret begehbarem, gegenwärtigen Ort oszilliert, von dem aus das Erinnern ausgeht und an dem Erinnern endet. Über die Erzählform reflektiert der Film hier den Erinnerungsprozess als Bewegung um ein Zentrum, führt durch die Konfrontation auch eine räumliche Vergegenwärtigung des Ursprungs durch. Auch wenn das Narrativ der linearen Zeitordnung folgt, an das der Film zwangsläufig gebunden ist, betont er die Räumlichkeit durch eine kreisende Bewegung um ein Zentrum. Die im Erinnern vollzogene Bewegung setzt der Film in der Erzählung als Reise um, die »Gegenwart, Vergangenheit und Zukunft, gebunden an den Ort Czernowitz, umklammert« (Braun 2009, 90), und reflektiert damit in der Erzählform des Films die Diaspora-Narration als ein Modell für kulturelle Erinnerung.

Der in den Erinnerungen entworfene (Nicht-)Ort spiegelt *Dieses Jahr in Czernowitz* damit in all seiner zeitlich-räumlichen Ambivalenz, und hier liegt das entscheidende Moment der selbstreferenziellen Reflexion. Durch die Erzählform kommentiert der Film vor allem seine eigene Relevanz als medialer Zugang zu Erinnerung: Indem der Film über die Montage der Bilder den Erinnerungsprozess einer Diaspora-Narration spiegelt, weist er über die bisher diskutierten medialen Zugänge hinaus. Als Modell eines kulturellen Gedächtnisses reflektiert er nicht nur die Involvierung des Medialen in Erinnerung und Gedächtnis, sondern zeigt auch auf, dass der Film in der Lage ist, die kulturellen Erinnerungsprozesse in der eigenen Erzählform spiegeln zu können. Zwar bleibt diese Reflexion stets ein behauptetes ›Als-ob‹, doch gerade in dieser Behauptung eines kulturellen Gedächtnisses rückt die Konstruktion von Erinnerung in den Fokus. Anders als etwa die Photographie, die vor allem unter der Perspektive von medialem Erinnerungsanlass und funktionalisiertem Zeugnis über die Spur aufgeht, konfiguriert der Film über seine Erzählform ein Modell, das die Art und Weise des Erinnerungsprozesses, in diesem Fall die Diaspora-Narration, mit reflektieren kann. Er konturiert aber auch die Perspektive von Mythos und Spur noch einmal neu aus: Indem der Film über die Erzählform Erinnerungsprozesse in ihrer Konstruktion als Erzählung verstehbar macht, wirft er diese Erkenntnis auf die im Film thematisierten Sinnstiftungsprozesse zurück. Die Reflexion beschränkt sich nicht mehr nur auf die Konstruktion von Sinn, sondern macht auch ein Verständnis über das mithilfe von Zeichenprozessen ausgeformte Erzählen möglich. Die Frage nach dem Wie der Sinnstiftungsprozesse im Rahmen von Erinnerung erhält damit eine neue Facette, die auch die Erzählstruktur von Erinnerungen mitreflektiert.

Koepps Filme und das Verstehen von Heimat

Koepps wiederholte Frage nach der Heimat gewinnt in dieser Argumentation noch einmal an Brisanz. Der Mythos als Möglichkeit einer großen Erzählung, die auf einen Ursprung gründet, ist der Versuch, Raum und

Zeit in einer narrativen Ordnung so zu binden, dass eine Identitätskonstruktion möglich ist: »Der Mythos als eine im Heiligen gründende Ordnung ist ein Sinngeflecht, der Ort und Zeit symbolisch bewohnbar macht, darauf gründet seine Attraktivität, seine Anziehungskraft [...]« (Müller-Funk 2008, 124). Der Film eröffnet aber nicht nur ein Verständnis dieses Sinngeflechtes, er bestimmt mit ihm auch den Begriff Heimat als Vehikel zur Identitätsfindung über eine narrative Ordnung, die Halt in Raum und Zeit möglich macht. An anderer Stelle schreibt Müller-Funk über das jüdische Erinnern:

> Die Struktur des traditionellen jüdischen Gedächtnisses ist mythisch, es impliziert historisch die Fähigkeit einer virtuellen Gemeinschaft (und jedes einzelnen Mitglieds) in der Diaspora, den wahren Anfang und die zentralen Ereignisse ihrer Geschichte jederzeit ins Bewusstsein zurückzurufen. (ebd., 255)

Beide Czernowitz-Filme Koepps sind weder die Äquivalente eines solchen jüdischen Gedächtnisses, noch sind sie in der Lage, die Geschichte der Kultur übertragen zu können. Sie liefern aber ein Verständnis über die Fähigkeiten medialer Zugänge zu Erinnerung und zeigen, dass Film zur Erhaltung eines solchen Gedächtnisses beitragen kann; in ihrer medialen Verfasstheit können die Filme so zumindest die Struktur dieses Gedächtnisses als ein Modell nachvollziehbar machen. Der Übergang von lebendigem in mediengestütztes Gedächtnis am Beispiel beider Czernowitz-Filme mündet damit vor allem in der Erkenntnis, dass mit ihnen der Bezug auf ein im Verschwinden begriffenes, jüdisches Erinnern an das 20. Jahrhundert möglich bleibt. Dabei speichern die Filme keineswegs Gedächtnisinhalte in Form von Externalisierung, sondern bleiben als medialer Ort der Reflexion über das und des Verständnisses von Erinnerungsprozessen, Kultur, Identität, Geschichte und Erzählung übrig. Mit Koepps Frage nach der Heimat ließe sich anschließen: Die Filme bieten dem Zuschauer keine Heimat als Halt in Raum und Zeit an, aber legen eine Grundlage, um ein Verständnis über die Vorstellung von Heimat teilen zu können. Und sie fungieren letztlich als Spuren zu jüdischem Erinnern und jüdischen Lebensgeschichten des 20. Jahrhunderts.

8. Film als Heimat – *Berlin-Stettin*

Mit *Berlin-Stettin* dreht Koepp einen weiteren Film, in dem er sich die Frage nach Heimat und Erinnerung in einer sehr persönlichen Weise noch einmal neu stellt. Hier rückt Koepps individuelle Erinnerung in den Fokus. Während einer Reise von seinem Wohnort Berlin zu seinem Geburtsort Stettin trifft er Personen aus vorangegangenen Filmprojekten wieder und erinnert sich mit diesen an die gemeinsamen Projekte. Seine Reise folgt einer ähnlichen Bewegung hin zum Ursprungsort wie in der bereits besprochenen Diaspora-Narration: Über die konstruierte Erzählung rekonstruiert Koepp seine eigene Lebensgeschichte, so wie dies die Protagonisten aus *Dieses Jahr in Czernowitz* tun. Erneut sind es Landschaften, Tagebücher, Briefe und in Sprache gefasste Erinnerungen, die Koepp thematisiert, um damit seine individuellen Erinnerungen und die seiner Protagonisten nachzuvollziehen. Besonders auffällig ist jedoch die Thematisierung von filmischen Bildern, die in seinen beiden Czernowitz-Filmen noch eher implizit bleibt. Koepp lässt nicht mehr nur in filmischen Bildern erinnern, sondern nutzt die filmischen Bilder früherer Arbeiten, um fremde wie eigene Erinnerung abzurufen.

Auch dieser Film thematisiert die Involvierung des Medialen in die Erinnerungsprozesse, und gibt – wie ich nun anhand einiger exemplarische Sequenzen diskutieren möchte – der Debatte über die Möglichkeiten von filmischem Erinnern eine weitere Wendung.

Die allererste Sequenz setzt mit der Großaufnahme einer vorbeiziehenden Landschaft ein; die Bewegung lässt Rückschlüsse auf eine Reise zu, denn nicht die Kamera bewegt sich, etwa durch einen Schwenk, vielmehr scheinen die Bilder aus einem fahrenden Zug gefilmt. Nachdem die begleitende Gitarrenmusik verstummt ist, setzt Koepps Stimme aus dem Off ein:

> Es ergab sich, dass ich in den letzten Jahrzehnten immer wieder in den Landschaften zwischen Berlin und der Ostsee unterwegs war, in Brandenburg, in Mecklenburg, in Pommern, um für meine Filme Menschen

zu treffen und auch sonst. Es ist jetzt das Jahr 2009. Vor drei Jahren erreichte mich dieser Brief.

Eine weibliche Stimme beginnt, den Brief wiederzugeben:

> Bonn, 4.1.2006: Lieber Herr Koepp, mit Freude und Interesse habe ich ihren Film über Hinterpommern gesehen, dennoch ist das nicht der eigentliche Grund meines Briefes. 1944/45 war ich als Kind aus Berlin in Broda bei Neu-Brandenburg evakuiert, im März oder April 1945 kam Frau Thea Koepp mit vier Kindern nach Broda, sie war aus Stettin geflohen, die Töchter hießen Susanne, Ursula, Christine, der Sohn hieß Volker. Nach meinem Tagebuch war er am 22.06.1944 geboren. Dieser Volker wurde im Mai schwer krank, überlebte aber. Sollten sie jener Volker sein, wäre ich für eine Nachricht dankbar. Doris Krause.

Koepp besucht im Anschluss Frau Krause und befragt sie zu seiner Mutter, Thea Koepp. Frau Krause erinnert sich mithilfe von Tagebuchaufzeichnungen aus ihrer Zeit als junges Mädchen an die letzten Tage des Zweiten Weltkrieges, schildert die Ankunft der russischen Armee in Broda, die Vergewaltigung und schließlich den Tod von Koepps Mutter; sie spricht auch vom glücklichen Überleben der Geschwister.

Doris Krause liest aus ihrem Tagebuch

Während bei den Aussagen Evelyne Mayers in *Dieses Jahr in Czernowitz* die Funktion filmischer Bilder für das mediale Erinnern und die Vorstellung eines erzählten Ortes anklingen, erhält der Film als Erinnerungszugang in dieser Sequenz eine darüber hinausgehende Bedeutung. Koepps Film *Pommerland* (Volker Koepp, DE 2005) dient hier als Auslöser für die Auseinandersetzung mit eigener, biographischer Erinnerung, in diesem Fall der von Doris Krause, die sich an ihre Zeit in Pommern und dabei auch an Koepps Mutter erinnert. Dem Brief folgt eine Begegnung, durch die die Erinnerungen an die Mutter Einzug in den Film finden. Ein Vergleich mit der Photographie als Zeugnis im Sinne der Spur drängt sich auf. Für die Protagonistin ist es Koepps Film, der ihr einen Bezug zu den Erinnerungen an die eigene (und Koepps) Kindheit wieder möglich macht. *Berlin-Stettin* reflektiert hier den Film explizit als Möglichkeit einer Bezugnahme auf Erinnertes. Anders als die Czernowitz-Filme geht dieser Film weniger in einer Beschreibung als Modell eines kulturellen Gedächtnisses auf, er wird vielmehr selbst zur Spur und zum Erinnerungsanlass.

Die zweite Sequenz unterstützt diese Lesart. Sie beginnt mit Schwarz-Weiß-Aufnahmen aus einer Ziegelei, die Kamera filmt Arbeiter bei Herstellung und Transport von Ziegelsteinen.

Arbeiter aus *Märkische Ziegel*

Die Bilder stammen aus *Märkische Ziegel* (Volker Koepp, DDR 1988/89); der Film ist Teil einer Trilogie, die zwischen 1988 und 1990 entsteht und Koepps letztes Projekt während der DDR-Zeit. Nach einem Schnitt ist ein Fernseher in Nahaufnahme zu sehen, auf dem die Bilder des Films weiterlaufen. Es folgt erneut ein Schnitt: Nun zeigt die Kamera die

Arbeiter in der Gegenwart, nebeneinander an einem Bartisch sitzend. Sie schauen auf den zuvor gezeigten Fernseher und sprechen von den Bildern ausgehend über ihre Erinnerung an die letzten Wochen in der DDR.

Ehemalige Arbeiter erinnern sich über den Film *Märkische Ziegeln* an das Ende der DDR

Das Beispiel manifestiert nochmals die Funktion der filmischen Bilder als medialer Erinnerungszugang: Die gezeigten TV-Bilder machen das Erinnern an ein einschneidendes Ereignis (ost-)deutscher Geschichte möglich, gleichzeitig nimmt der Film *Berlin-Stettin* als Ort der Reflexion diese Bilder als medialen Zugang zu den Erinnerungen in sich auf. Aus zeichentheoretischer Perspektive ließe sich anfügen, dass die Protagonisten die filmische Spur aufgreifen und sie zugleich erzeugen, indem sie im Akt der Rezeption ihre Erinnerung an den Filmbildern entwickeln. Der Film, so suggerieren es beide Sequenzen, ist Anlass und Zugang zu Erinnerung, Möglichkeit der Kommunikation über Geschichte, und kann ebenso als Zeugnis im Sinne der Spur fungieren wie es die Photographie, die Sprache oder Landschaften tun, die Koepp immer wieder in den Mittelpunkt seiner Filme stellt.

Vom Rande der Geschichte – Koepp und die DDR

Die in *Berlin-Stettin* anklingenden persönlichen Erinnerungen Koepps stehen so im Kontext einer Auseinandersetzung mit den Verbrechen und Traumata des Zweiten Weltkrieges, sind gleichzeitig aber auch eng verwoben mit der Geschichte der DDR und mit deren Niedergang. Ausgebildet an der Deutschen Hochschule für Filmkunst in Potsdam, arbeitet Koepp von 1970 bis 1990 im DEFA-Studio für Dokumentarfilm. Schon seine frühen Werke lassen erkennen, dass er sich um einen eigenen Blick auf den sozialistischen Alltag bemüht, der entsprechend bei der Zensur aneckt und die Idee der DEFA-Auftragsarbeiten unterläuft. Statt einer Überhöhung des einfachen Lebens im Sinne der sozialistischen Ideale fokussiert Koepp auf die individuellen Lebenswege seiner Protagonisten, die er von Beginn an als Spiegel für die Ereignisse des 20. Jahrhunderts versteht. So etwa in *Gustav J.* (DDR 1973), für den er den aus Litauen stammenden Gustav Jurkschat porträtiert – bereits dieser frühe Film Koepps erzählt letztlich eine Geschichte aus der Diaspora und von einem (exemplarischen) Leben zwischen den Kriegen. Den ›offiziellen‹ Geschichtsnarrativen hält Koepp seit seinen ersten Jahren bei der DEFA individuelle Lebensgeschichte(n) entgegen. Seine Filme stellen ›einfache Leute‹ in den Mittelpunkt und werfen mittels Alltagbeobachtungen und Erinnerungen einen alternativen Blick auf die Geschichte der DDR.

Als besonders interessant für die Auseinandersetzung mit dieser Form der filmischen Erinnerungsarbeit und als vielschichtiges Dokument (ost-)deutscher Geschichte können Koepps *Wittstock*-Filme gelten.[17] Ab 1974 begleitet er eine Gruppe von Textilarbeiterinnen aus der brandenburgischen Provinz in ihrem Arbeitsalltag in einem sozialistischen Musterbetrieb. Bis zum Ende des Projektes im Jahre 1997 entstehen sieben Filme, die mit ihrem Fokus auf den Obertrikotagenbetrieb Ernst Lück – so der Name der Textilfabrik – und dessen Arbeiterinnen einen Mikrokosmos skizzieren. Sie entwickeln eine einzigartige Perspektive auf die Geschichte der DDR und mit der einsetzenden Wende auch auf die Geschichte des wiedervereinigten Deutschlands. Die aus den Einzelfilmen entstehende Chronik des Lebens vor, während und nach der DDR-Zeit wird gerade deshalb so interessant für das Verständnis von (ost-)deutscher Geschichte, weil über die Jahre ein Transformationsprozess im Alltag am Beispiel gewöhnlicher Arbeiterinnen sichtbar wird – eine *Geschichte von unten und von innen,* die einen Zugang zu einer historischen Epoche ermöglicht, der ganz explizit gegen eine Vielzahl von Geschichtsnarrativen zur DDR antritt, die nach der Wende entstehen. Den wohlbekannten und oft wiederholten Bildern aus dem kollektiven (deutschen) Gedächtnis setzten Koepps Filme über die DDR individuelle

---

17 Eine ausführliche Auseinandersetzung mit Koepps *Wittstock*-Zyklus und dem darin aufscheinenden Potenzial für die filmische Geschichtsschreibung findet sich in meinem Aufsatz »Am Rande der Geschichte, wie man so sagt – Fragmente aus dem wiedervereinigten Deutschland in den Langzeitdokumentarfilmen NEUES IN WITTSTOCK, KATRINS HÜTTE und STAU – JETZT GEHT'S LOS«, erschienen in *Montage AV 25/2/2016.*

Lebensgeschichten und damit verbundene Erinnerungen entgegen. Sie negieren diese nicht, sondern entfalten eine alternative Perspektive vom Rand der Geschichte her, weil sie den gesellschaftlichen wie individuellen Wandlungsprozess über viele Jahre sichtbar machen können.

Die Idee der Langzeitigkeit, des Wieder-Begegnens und Wieder-Erinnerns, die Koepp prototypisch mit seinem *Wittstock*-Zyklus entwirft, zieht sich mehr oder minder explizit durch sein gesamtes Werk. So lassen sich nicht zuletzt auch *Herr Zwilling und Frau Zuckermann* und *Dieses Jahr in Czernowitz* als zwei Teile eines Langzeitprojektes verstehen, als Dokumente über die Veränderungen eines Erinnerungsortes und der ihn umgebenden Protagonisten durch die Zeit. Das Kreisen um (Erinnerungs-)Orte, das Koepp im Laufe seines Schaffens immer wieder in den Mittelpunkt rückt, sei es im Fall von Czernowitz, der *Uckermark* (DE 2002) oder dem *Memelland* (DE 2008), lässt sich so letztlich auch als zentrales Element seiner filmischen Methode verstehen. Auch auf seiner Reise von Berlin nach Stettin ist dies nicht anders. So sucht er für *Berlin-Stettin* erneut Protagonistinnen des *Wittstock*-Zyklus auf, um über das Leben nach dem inzwischen beendeten Projekt zu sprechen, aber auch um über die Erinnerungen an die gemeinsame Zeit zu reflektieren: Ein Moment, in dem Erinnern explizit als ein Erinnern an die gemeinsam erbrachte Arbeit für ein Filmprojekt fungiert, das DDR-Geschichte (mit-)geschrieben hat.

Film als Heimat?

In *Berlin-Stettin* verschränken sich für Koepp also die Auseinandersetzung mit (ost-)deutscher Geschichte und die Reflexion über die Erinnerung an den eigenen Lebensweg. *Seine* Geschichte findet hier ihren Ort zwischen Berlin (ab seiner Kindheit Koepps Wohnort und Lebensmittelpunkt) und Stettin (seinem Geburtsort). Die letzten beiden Sequenzen, die ich aus *Berlin-Stettin* ansprechen möchte, weisen denn auch über die Funktion der Bilder als Zeugnis im Sinne der Spur beziehungsweise als medialer Anlass und Zugang zu Erinnerung hinaus. In der ersten ausgewählten Sequenz sind erneut Schwarz-Weiß-Aufnahmen zu sehen, gefilmt aus einem fahrenden Auto. Auf deren Herkunft verweist ein sich zwischenzeitlich in der Fensterscheibe des Autos reflektierendes DEFA-Schild. Auf der Gegenspur der Straße fahren russische Militärkolonnen vorbei, nach einem Schnitt folgt die Kamera einem Militärjeep, fängt einen Trupp russischer Soldaten bei der täglichen Arbeit ein, wobei einer der Soldaten kurz in die

Kamera lacht. Wenig später hält ein Soldat in einer Detailaufnahme sein sowjetisches Abzeichen in die Kamera, dann ist ein mit Kleidern übersäter Waldboden zu sehen.

Filmische Bilder als Anlass für Koepps persönliches Erinnern

Aus dem Off ist währenddessen Koepps Stimme zu hören, die an den Bildern seine persönlichen Erinnerungen entfaltet:

> In der Schule lernten wir sehr früh richtige Sätze über die Schuld und die Verantwortung Deutschlands, die den Vertreibungen und der Besatzung vorausgingen. Russisches Militär allgegenwärtig, jahrzehntelang. Die eigenen Erinnerungen an 1953, 1956 dann der Aufstand in Ungarn, den verfolgte ich im Radio. Fünf Jahre später wird die Berliner Mauer gebaut, und bald darauf ist schon 1968. Im polnischen Krakau wird meiner Freundin Janka Katz ein Davidstern in die Haustür gekratzt. Auf dem Weg nach Prag werde ich aus dem Zug geholt und verhört. Die russischen Panzer im Fernsehen. Die dritte gescheiterte Erhebung, die im Kopf steckt. An die Militärkolonnen auf ostdeutschen Straßen zwischen Berlin und Stettin hat man sich gewöhnt. Die Gesichter der russischen Soldaten wirken nun kindlich oder freundlich oder verstört. Sie tun einem oft leid, die Offiziere behandeln sie schlecht, ich sehe, wie sie mit bloßen Händen Kohlebrickets von Eisenbahnwagons abladen müssen.

Eine Annäherung an Koepps Schilderungen und die gezeigten Bilder gelingt erneut über eine räumliche Metaphorik: In der angeführten Sequenz bewegen sich Bild- und Tonebene aufeinander zu und entfernen sich wieder. Genauer spannen sich über die Erinnerungen auf der Tonspur verschiedene Räume und Zeitabschnitte auf, pendeln die Schilderungen doch zwischen den Jahren 1953 und 1968, zwischen Berlin, Stettin, Warschau und Prag hin und her. Die Erinnerungen entfernen sich dabei immer wieder von den filmischen Bildern und kehren in kurzen Beschreibungen zu ihnen zurück, etwa als Koepp von den Militärkolonnen spricht, während die vorbeifahrenden Fahrzeuge zu sehen sind, oder wenn er die Gesichter der Soldaten beschreibt und im Bild ein lächelnder Soldat erscheint. Koepps Erinnerungen auf der Tonebene werden auf der Bildebene indes nicht im Sinne eines Abbildes gespiegelt, sondern sie treten in einer kreisenden Bewegung immer wieder mit ihnen in Kontakt und ähneln in ihrer Skizzenhaftigkeit den fragmentarisch wirkenden Filmbildern. Erneut dominiert die Erinnerung das Bild, indem sie über das im Bild Sichtbare hinausweist und die Funktion der Bilder nicht in indexikalischen Verweisen oder ikonischen Abbilden aufgeht. Die filmischen Bilder öffnen vielmehr Räume, in denen *für Koepp* eigenes Erinnern möglich wird. Koepps individuelles Erinnern, so ließe sich aufgrund dieser Sequenz vorsichtig andeuten, lässt sich als ein explizit *filmisches* Erinnern um und mit bewegten, filmischen Bildern verstehen.

Die letzte Sequenz des Films untermauert diese Lesart. Koepp ist an seinem Geburtsort Stettin angekommen und befragt Studenten und deren Familien zu ihrem Lebensort. Aleksandra, eine der Studentinnen, fragt Koepp, wo er denn in Stettin genau geboren sei. Koepp erwidert aus dem Off, er habe das Haus gesucht, es stehe noch. Erst gestern sei er dort gewesen, um es sich anzusehen. Die nun erwartete Rückkehr zum Geburtsort bleibt im Film allerdings aus. So endet dieser gerade *nicht* mit Bildern einer eigenen Konfrontation Koepps mit seinem Geburtsort wie bei den Protagonisten aus *Dieses Jahr in Czernowitz*. Stattdessen schließt *Berlin-Stettin* mit Porträtaufnahmen der Protagonistinnen aus seinen Filmen *Gustav J.*, dem *Wittstock*-Zyklus und der *Märkischen Triologie*. Koepp selbst ist nur kurz in einer Aufnahme aus dem Film *Mädchen in Wittstock* (DDR, 1974) zu sehen. Er beantwortet damit die Frage nach der eigenen Heimat über seine Arbeit als Regisseur: Es ist nicht der erzählte oder konkret gegenwärtige Ursprungsort Stettin, der als Heimat Zeit und Raum bewohnbar macht, sondern die filmische Arbeit mit den von ihm porträtierten Menschen. Die aus der Erinnerung aufgerufenen Filme werden hier nicht nur zum Ort der Reflexion von Heimat, sondern deuten an, dass die Filme für Koepp selbst Heimat sind.

9. Ein Film über das filmische Erinnern – *In Sarmatien*

Während *Berlin-Stettin* als biographische Erinnerungsarbeit Koepps den Fragen nach Heimat und Erinnerungsorten in erster Linie eine neue, persönliche Facette hinzufügt, lässt sich sein Film *In Sarmatien* als Synthese der bisherigen Arbeiten Koepps und damit auch seiner Auseinandersetzung mit Erinnerung verstehen, weshalb ich ihn am Ende dieser Untersuchung nicht auslassen möchte.

Der Film kombiniert die (Wieder-)Begegnung mit zahlreichen Protagonistinnen früherer Filme mit neuen Bekanntschaften, die sich allesamt über das titelgebende Sarmatien spannen, eine Bezeichnung, die bereits Griechen und Römer für das Gebiet zwischen Weichsel und Wolga, Ostsee und Schwarzem Meer verwendeten. Heute verlaufen seine Grenzen zwischen Weißrussland, Litauen, Polen, Rumänien, der Republik Moldau und der Ukraine. Geographisch wiederum liegt das Gebiet, wie im Film mehrfach betont wird, in der Mitte Europas.

Die (filmische) Reise durch Sarmatien ist mit Blick auf Koepps bisherige Werke aber auch eine Weiter- und Zusammenführung: Sein Besuch in Kaliningrad evoziert seine Reisen in das ehemalige Ostpreußen in Filmen wie *Holunderblüte* (DE 2007), *Kurische Nehrung* (DE 2001) und *Schattenland* (DE 2005) oder insbesondere auch *Kalte Heimat* (DE 1995). Weiter ist der Film als Fortführung seines Czernowitz-Projekts, als eine Erweiterung von *Herr Zwilling und Frau Zuckermann* und *Dieses Jahr in Czernowitz* verstehbar, trifft Koepp doch erneut die Übersetzerin Tanja sowie Felix Zuckermann, den Sohn von Frau Zuckermann. Gleichzeitig schlägt *In Sarmatien* eine Brücke zum Beginn von Koepps Filmschaffen, genauer zu *Grüße aus Sarmatien* (DDR 1972), einem frühen Kurzfilm Koepps über den Dichter Johannes Bobrowski. Was nun ist besonders an der Erinnerungsarbeit, die *In Sarmatien* leistet?

Auf diese Frage möchte ich eine kurze Antwort geben, die als Fazit und Ausblick für die Auseinandersetzung mit Koepps Filmen dienen soll: Besonders ist dieser Film einerseits, weil er durch die Wieder-Begegnungen ein Generationen überspannendes Netz auffaltet, das Filme wie *Dieses Jahr in Czernowitz* angelegt haben. So projiziert er die Vergangenheit in die Gegenwart und Zukunft der verbleibenden Protagonisten. Hierbei gerinnt *In Sarmatien* zu einer Synthese der filmischen Erinnerungsarbeit, die Koepps bisherige Filme auszeichnen. Andererseits sucht Koepp auch in diesem Film – oder gar mehr denn je – nach *filmischen Bildern*, die sich als visuelle Übersetzung für diese Auseinandersetzung und als Spuren für eine solche Reflexion eignen. Das Motiv des Flusses wird dabei zum paradigmatischen Erinnerungszugang und ebenso zu einem Reflexionsort. Auf diese Weise bildet *In Sarmatien* eine Form von kommentierendem Resümee der bisherigen filmischen Erinnerungsarbeit und ist so vor allem ein Film über filmisches Erinnern.

Fließende Zeit

Der Blick auf die Vergangenheit, das Erinnern im Moment des drohenden Vergessens, das hat die intensive Auseinandersetzung in dieser Studie gezeigt, ist ein zentrales Moment von Koepps Filmen. Sich der Vergangenheit zuwenden, heißt immer auch, dass gleichzeitig Gegenwart und Zukunft mitschwingen: die Gegenwart als Moment, aus dem heraus erinnert wird, und die Zukunft, die sich an der erinnerten Vergangenheit zwangsläufig (mit-)formt. Die Prozesshaftigkeit, die dem Erinnern immer schon eingeschrieben ist, thematisiert Koepp mit kaum einem anderen Film so explizit wie mit *In Sarmatien*. Der Film beginnt mit einer Nahaufnahme von berstenden Eisschollen, zu hören ist pfeifender Wind. Die Kamera tastet das Eis in einem langsamen Schwenk ab, die im Wasser aneinander drückenden Eisplatten erzeugen ein hörbares Gluckern. Kurz darauf ist ein Hafen zu erkennen, der sich durch ein Bootshaus und Segelschiffe im Nebel abzeichnet.

Zerberstendes Eis im kurischen Haff

Aus dem Off setzt Koepps Stimme ein, während weitere Bilder des sich bewegenden, rissigen Eises zu sehen sind:

> Im Frühjahr gibt es eine Zeit, die nennen wir Shaktarp, erzählte mir eine alte Bäuerin am kurischen Haff. Wenn das russische Eis die Memel herunter ins Haff drückt und das Schmelzwasser erneut überfriert, dann entsteht eine dünne Eisschicht, die unbegehbar ist. Die Menschen sind in ihren Häusern von der Außenwelt abgeschnitten, auch die Boote sitzen fest. Shaktarp heißt übersetzt wohl Zwischenzeit, sagt die Bäuerin. Wie unser Leben jetzt. Nicht so, nicht so.

Die kurze Eröffnungssequenz lässt sich als programmatisch für Koepps Umgang mit Erinnerung lesen. Der Film spielt mit der erwähnten Zwischenzeit auf einen gesellschaftlichen Umbruch an, den Koepp im Laufe des Films noch deutlich expliziter als Frage nach der Zukunft Europas formuliert und mit seinen jungen Protagonistinnen, viele von ihnen Kinder und/oder Anhänger der Idee eines vereinten Europas, diskutiert. Weiter reflektiert der Film an dieser Stelle das Werk Volker Koepps, wenn sich eine Erinnerungsmetaphorik als zusätzliche Bedeutung in die Bilder einschreibt. Denn hier scheint die Idee des Abtragens von Erinnerungsschichten wieder auf, die Aleida und Jan Assmann für die Erinnerungsarbeit der Archäologie entlehnt haben und die Koepp in seinen Filmen wiederholt tangiert. Wenn Koepp also von einer dünnen Eisschicht spricht, die unbegehbar sei, die Menschen von der Außenwelt abschneide, und kurz darauf die berstende Eisschicht zu sehen ist, die vom Prolog in den Film überleitet, dann macht er gleichzeitig auf das Ziel seiner filmischen Arbeit aufmerksam: das Abtragen von Erinnerungsschichten, um der Vergangenheit nahezukommen und damit Menschen in Kontakt zu setzen, die Zeit ›in Fluss‹ zu versetzen.

So ist es denn im weiteren Verlauf auch der Fluss, der im Film als visuelle Spur fungiert, um über Erinnerung und Zeitlichkeit, aber auch über Koepps gesamtes Filmschaffen reflektieren zu können. In den Interviewsituationen, in denen Koepp die Protagonistinnen zu ihrem Verhältnis zur Landschaft und zu ihren Lebenswegen befragt, fällt die visuelle Gestaltung besonders auf. So sind die Interviews wiederholt auf Anhöhen mit Blick auf Täler und den Fluss oder direkt am Flussbett gefilmt, sei es an der Memel bei einem Gespräch über Kindheitserinnerungen mit Elena oder bei einem Gespräch mit Ana am Fluss Nistro, bei dem sie über die dunklen und immer noch verschwiegenen Kapitel der rumänischen Geschichte spricht.

Elena und Ana erzählen, im Hintergrund der Fluss

Die Horizontlinien verlaufen auf Kopfhöhe, die Protagonistinnen wirken in den Einstellungen als Teil der Landschaft, an der sie wiederum gerade ihre Erinnerungen entwickeln. Die Untrennbarkeit von Landschaft und Mensch, aber auch die Fragilität dieser Konstruktion ist den Bildern wie schon in *Dieses Jahr in Czernowitz* inhärent. Indem die Bilder auf den Fluss als wichtigen Teil der Landschaft aufmerksam machen, kommentieren sie aber auch die generationale Weitergabe, die ein zentrales Thema des Films ist: Die jungen Frauen aktualisieren mit ihren Erinnerungen die Vergangenheit – und damit ist auch jene gemeint, die Koepps vorherige Filme sichtbar zu machen versuchten – im gegenwärtigen Moment des Erinnerns und formen dabei die Zukunft mit. Erinnern bedeutet in diesen Momenten immer auch Erinnern an Koepps Filme. Besonders deutlich wird dies nochmal am Ende des Films: Elena, die in Kaliningrad ein Filmfestival leitet, führt Koepp dort in ein altes Kino, das Scala. In einem Kinosessel sitzend erzählt sie von einer ebenso prägenden wie berührenden Erinnerung: Sie habe 1995, mit 19 Jahren, Koepps Film *Kalte Heimat* bei einem Besuch in Ostdeutschland gesehen, der Film habe sie verstört und bewegt.

Elena im Kaliningrader Kino Scala

Auslöser für Erinnerung und Ort der Reflexion über die (osteuropäische) Geschichte des 20. Jahrhunderts, so wird in dieser Sequenz erneut deutlich, können nicht zuletzt auch Koepps Filme selbst werden.

Dass diese Reflexion eine immerwährende Aktualisierung und (Wieder-)Begegnung benötigt, expliziert *In Sarmatien* wiederholt mit eingestreuten Zitaten. Bilder der Memel kommentiert Koepp etwa mit dem Satz »Und immer wirkt die alte Zeit in die Neue«. An anderer Stelle, auch hier schwenkt die Kamera über den Fluss, zitiert er Novalis: »Alle Erinnerung ist Gegenwart«, und fährt fort, in einer Verflechtung von eigener Aussage und einem Zitat aus Johannes Bobrowskis Gedicht *Die Daubas*: »Zeiten in Sarmatien, jenes Uferland Daubers, Sehnsuchtsort meiner Wanderungen. Droben schwankt der Wind, wir lebten am Fluss in den Hütten, dunkelnd die Ufer hinauf, tönte das Schilf.«

Die Erwähnung von Texten Bobrowskis zieht sich wie ein roter Faden durch eine Vielzahl von Koepps Filmen; er selbst nennt sie in einem Interview sogar ganz explizit als Auslöser für das Interesse an der Gegend:

> Ich traf mich mit meinen Freunden immer im Freibad Bühlau, und da brachte Ralf Winkler, der als Maler später als A. R. Penck bekannt wurde, eines Tages »Die sarmatische Zeit« mit. Das waren Gedichte, und für diese Gegend war es sicher der Auslöser des Interesses. Ich habe dann auch später beim Schnitt von Filmen, bei der Zusammenstellung des gedrehten Materials, gemerkt, dass diese Art, zwei Filmenden zusammenzufügen, irgendwie auch so ähnlich ist, als ob man zwei Zeilen miteinander verquickt. Das hat mir ganz gut gefallen, und als mir das bewusster wurde, bin ich beim Dokumentarfilm geblieben.[18]

Im Zusammenhang mit der zuvor beschriebenen Sequenz ist vor allem der zweite Teil von Koepps Aussage erhellend. Denn in der Kombination von Bild und Ton verweben sich dort gerade zwei mediale Zugänge zu Erinnerung: Der Film samt seiner Bilder und Töne mit der Passage aus dem Gedicht Bobrowskis, das der Film hier, durch Koepps Stimme vorgetragen, in sich aufnimmt und mit dessen Interesse für den Sehnsuchtsort verbindet. Wenn also Koepp im Interview von der Nähe zwischen Poesie und der eigenen Arbeit am Film spricht, dann expliziert er diese Nähe in der angeführten Sequenz: Hier finden filmische Landschafts-

---

18 https://www.tip-berlin.de/volker-koepp-im-interview/.

aufnahme und poetische Landschaftsbeschreibung zueinander. Gleichzeitig stoßen sie in das Zentrum von Koepps Filmen vor, dem Kernelement seiner Erinnerungsarbeit: Der Landschaft, deren literarische Beschreibung in den Gedichten Bobrowskis, so ließe sich anfügen, Koepp erst zu seiner eigenen Arbeit verleitet hat. Seinen neuesten Film, anlässlich des 100. Geburtstages von Johannes Bobrowski, benennt Koepp dann auch nach dessen Gedicht: *Wiederkehr* (DE 2017).

Interessant ist, dass die Film-Landschaften somit als Spur nicht nur für den Zuschauer lesbar sind, sondern Koepp sie erneut selbst zum Erinnern nutzt. So sieht der Zuschauer etwa ein Bild der in der Abenddämmerung dahinfließenden Memel, während Koepp aus dem Off über die Entstehung Sarmatiens spricht. Kurz darauf erinnert sich Koepp an seine erste Begegnung mit dem sarmatischen Gebiet. Nach einem Schnitt ist wieder die Memel zu sehen, nun aber in Schwarz-Weiß-Aufnahmen, die Koepp selbst kurz darauf zuordnet: Es sind Aufnahmen aus seinem Film *Grüße aus Sarmatien* von 1972.

Bilder der Memel, damals und heute

Die Erinnerung an die eigene filmische Arbeit geht hier mit der Reflexion darüber einher, wie sich diese Auseinandersetzung im Medium Film vollziehen und wie sich die Prozesshaftigkeit des Erinnerns visuell in Bilder übersetzen lässt. Die Landschaftsaufnahmen werden so zu einer komplexen, vieldeutigen Spur für das Verständnis von Erinnerungsprozessen mittels medialer Zugänge ebenso wie für Koepps filmische Arbeit.

Abschließende Gedanken

Welche Rolle können Volker Koepps Filme in der Debatte um die Involvierung des Medialen in Erinnerungsprozesse einnehmen, wie können die Filme einen Zugang zu Erinnerung ermöglichen? Diese Studie geht davon aus, dass die Filme *Herr Zwilling und Frau Zuckermann* und *Dieses Jahr in Czernowitz* das Modell für ein kulturelles und insbesondere ein mediengestütztes Gedächtnis entwickeln, in dem die Möglichkeiten medialer Zugänge zu Erinnerung in einer (selbst-)referenziellen Reflexion besprochen werden, wodurch die Filme einen spezifisch filmischen Zugang zu Erinnerung präsentieren.

Die Facetten dieses spezifischen Zugangs ließen sich in Abgrenzung von und Verbindung zu den in den Filmen thematisierten medialen Erinnerungszugängen auffächern, über die Notwendigkeit der Sprache oder der Photographie als funktionalisiertes Zeugnis im Sinne der Spur und der (Gedächtnis-)Orte sowie die Möglichkeit, über mediale Zugänge konkrete und metaphorische Räume zu eröffnen, die ein Erzählen als In-der-Welt-Sein, als Halt in Raum und Zeit anbieten.

Die Wichtigkeit dieser Zugänge zeigte sich dabei vor allem an der Schwelle von Erinnern und Vergessen: Die medialen Zugänge liefern die Möglichkeit, sich auf im Verschwinden begriffene Menschen, Orte und Dinge generational beziehen zu können und bilden damit eine Grundvoraussetzung dafür, dass ein Erinnern jenseits direkter Kommunikation mit Zeitzeugen aufrechterhalten werden kann. Außerdem eröffnen sie Räume, die bei der Ausbildung von Identität, in den Filmen Koepps immer wieder mit der Frage »Was ist Heimat?« verbunden, durch Erzählen ein In-der-Welt-Sein garantieren, und stellen damit ein Angebot dar, konkrete und erzählte (Ursprungs-)Orte ›bewohnbar‹ zu machen. Die medialen Zugänge sind dabei weder Speicher noch Abbild einer objektivierbaren Geschichte oder einer sich über ein kulturelles Gedächtnis erzählenden Kultur, sondern liefern die Voraussetzung für immer schon subjektive Erinnerungsprozesse, die nur über den Interpretanten hervorgebracht werden. Erinnerung – in den besprochenen Filmen als eine

Annäherung an die Mechanismen der Sinnstiftung und das damit verbundene erzählende Erinnern am Beispiel der jüdischen Kultur um einen (erzählten) Ursprungsort Czernowitz – kann nicht ohne die medialen Zugänge stattfinden und ist an der Schwelle zum Vergessen, an der die Zeitzeugen aussterben, die letzte Möglichkeit der Bezugnahme. Der Film, das hat vor allem die in der Erzählform gespiegelte Diaspora-Narration gezeigt, ermöglicht ein besonders umfassendes Verständnis von Erinnerung, das über andere mediale Zugänge hinausweisen kann.

Der Auseinandersetzung mit Koepps Czernowitz-Filmen ging eine komplexe und vielschichtige Differenzierung der Medialität von Bildern in Zusammenhang mit Erinnerung voraus, die vor allem den Medienbegriff hinterfragte. Der Versuch einer Definition führte zu der Feststellung, dass eine umfassende oder gar transdisziplinäre Definition des Medienbegriffes weder möglich noch sinnvoll ist. Vielmehr erscheint ein solcher Versuch immer schon problematisch und gerade für die filmwissenschaftliche Arbeit über Erinnerung wenig praktikabel. Diese theoretische Auseinandersetzung führte mich zu einem Begriffsinventar, das sich auch über die Analysen von Koepps Filmen hinaus als brauchbar erweisen kann, in einer Kombination der zeichen- und medientheoretischen Konzepte von Mythos, Spur, Apparat und medialen Erinnerungszugängen. So ließen sich *einzelne und unterschiedliche Perspektiven auf das gleiche Phänomen* werfen, mit denen ich mich in den Filmanalysen den Begriffen Erinnerung und Medien angenähert habe.

Am Ende meiner Überlegungen steht die Erkenntnis, dass in Koepps Filmen eine (selbst-)referenzielle Reflexion über mediale Erinnerungszugänge stattfindet, die immer wieder auf die Möglichkeiten, Erinnerung sicht- und verstehbar zu machen, hindeutet. Seine Filme weisen in ihren Aussagen über die Involvierung des Medialen in Erinnerungsprozesse damit immer auf sich selbst zurück. Sie eröffnen dabei aber gleichzeitig Räume, in denen ein Nachdenken über Erinnerung, Heimat, Identität und Gedenken beginnt. Wenn an der heutigen Schwelle, an der die letzten Zeitzeugen sterben, nach Wegen gesucht wird, einen Bezug zu den Verbrechen des Zweiten Weltkrieges, aber auch darüber hinaus zum Leben im 20. Jahrhundert zu unterhalten und sich dazu in ein Verhältnis zu setzen, dann lohnt sich ein genauer Blick auf Volker Koepps Filme, mehr denn je.

10. Filmographie

Berlin-Stettin (Volker Koepp, DE 2009)

Dieses Jahr in Czernowitz (Volker Koepp, DE 2004)

Grüße aus Sarmatien (Volker Koepp, DDR 1972)

Herr Zwilling und Frau Zuckermann (Volker Koepp, DE 1999)

Holunderblüte (Volker Koepp, DE 2007)

In Sarmatien (Volker Koepp, DE 2013)

Kalte Heimat (Volker Koepp, DE 1995)

Kurische Nehrung (Volker Koepp, DE 2001)

Märkische Ziegeln (Volker Koepp, DDR 1988/89)

Memelland (Volker Koepp, DE 2008)

Pommerland (Volker Koepp, DE 2005)

Schattenland (Volker Koepp, DE 2005)

Uckermark (Volker Koepp, DE 2001)

Wiederkehr (Volker Koepp, DE 2017)

Wittstock-Zyklus (Volker Koepp, DDR/DE 1975-1997)

11. Bibliographie

Assmann, Aleida (1991): »Zur Metaphorik der Erinnerung«. In: Aleida Assmann, Dietrich Harth (Hg.): *Mnemosyne. Formen und Funktionen der kulturellen Erinnerung*, Frankfurt am Main: Fischer, S. 13-35.

Assmann, Aleida (2009): *Erinnerungsräume. Formen und Wandlungen des kulturellen Gedächtnisses*. München: Beck.

Assmann, Jan (2007): Das kulturelle Gedächtnis: Schrift, Erinnerung und politische Identität in frühen Hochkulturen. München: Beck.

Barthes, Roland (1964): *Die Mythen des Alltags*. Frankfurt am Main: Suhrkamp (Originalausgabe 1957).

Barthes, Roland (1985): *Die helle Kammer. Bemerkungen zur Photographie*. Frankfurt am Main: Suhrkamp.

Braun, Peter (2009): »Von Europa erzählen. Über die Konstruktion der Erinnerung in den Filmen von Volker Koepp«. In: Tobias Ebbrecht, Hilde Hoffmann, Jörg Schweinitz (Hg.): *DDR – erinnern vergessen. Das visuelle Gedächtnis des Dokumentarfilms*. Marburg: Schüren, S. 71-91.

Burckhardt, Lucius (2006): »Landschaftsentwicklung und Gesellschaftsstruktur« (1977) und: »Warum ist Landschaft schön?« (1979). In: Ders.: *Warum ist Landschaft schön? Die Spaziergangswissenschaft*. Berlin: Martin Schmitz Verlag, S. 19-41.

Deutsches Kulturforum östliches Europa (Hg.) (2008): *Mythos Czernowitz. Eine Stadt im Spiegel ihrer Nationalitäten*. Potsdam: Deutsches Kulturforum östliches Europa e.V.

Echterhoff, Gerald (2004): »Das Außen des Erinnerns: Medien des Gedächtnisses aus psychologischer Perspektive«. In: Astrid Erll, Ansgar Nünning (Hg.): *Medien des kollektiven Gedächtnisses. Konstruktivität – Historizität – Kulturspezifität*. Berlin/New York: Walter de Gruyter, S. 61-82.

Erll, Astrid; Nünning, Ansgar (Hg.) (2004): *Medien des kollektiven Gedächtnisses. Konstruktivität – Historizität – Kulturspezifität.* Berlin/New York: Walter de Gruyter.

Erll, Astrid (2004): »Medium des kollektiven Gedächtnisses: Ein (erinnerungs-)kulturwissenschaftlicher Kompaktbegriff«. In: *Dies.*, Ansgar Nünning (Hg.): *Medien des kollektiven Gedächtnisses. Konstruktivität – Historizität – Kulturspezifität.* Berlin/New York: Walter de Gruyter, S. 3-24.

Erll, Astrid (2005): *Kollektives Gedächtnis und Erinnerungskulturen. Eine Einführung.* Stuttgart/Weimar: J.B. Metzler.

Halbwachs, Maurice (1985): *Das Gedächtnis und seine sozialen Bedingungen.* Berlin: Suhrkamp (Originalausgabe 1925).

Halbwachs, Maurice (1991): *Das kollektive Gedächtnis.* Frankfurt am Main: Fischer (Originalausgabe 1950).

Kessler, Nora Hannah (2012): *Dem Spurenlesen auf der Spur. Theorie, Interpretation, Motiv.* Würzburg: Königshausen & Neumann.

Krämer, Sybille (1998): »Das Medium als Spur und als Apparat«. In: *Dies.* (Hg.): *Medien, Computer, Realität: Wirklichkeitsvorstellungen und neue Medien.* Frankfurt am Main.: Suhrkamp, S. 73-94.

Müller-Funk, Wolfgang (2008): *Die Kultur und ihre Narrative. Eine Einführung.* Wien: Springer-Verlag.

Osatschuk, Sergij (2008): »Tscherniwzi – das Czernowitz von heute«. In: Deutsches Kulturforum östliches Europa (Hg.): *Mythos Czernowitz. Eine Stadt im Spiegel ihrer Nationalitäten.* Potsdam: Deutsches Kulturforum östliches Europa e.V.

Pethes, Nicolas (2008): *Kulturwissenschaftliche Gedächtnistheorien. Zur Einführung.* Hamburg: Junius Verlag GmbH.

Petraitis, Marian (2016): »Am Rande der Geschichte, wie man so sagt – Fragmente aus dem wiedervereinigten Deutschland in den Langzeitdokumentarfilmen NEUES IN WITTSTOCK, KATRINS HÜTTE und STAU – JETZT GEHT'S LOS«. In: *montage AV 25/2/2016*, S. 23-36.

Pollack, Martin (2008): »Nach Czernowitz«. In: Deutsches Kulturforum östliches Europa (Hg.): *Mythos Czernowitz. Eine Stadt im Spiegel ihrer Nationalitäten*. Potsdam: Deutsches Kulturforum östliches Europa e.V.

Scherer, Christina (2000): »Zwischen Filmtheorie und Filmpraxis: Selbstreflexivität und Selbstreferenzialität im Experimentalfilm«. In: Jürgen Felix, Günther Giesfeld, Heinz B. Heller et al. (Hg.): *Filmische Selbst-Reflexionen*. Marburg: Schüren, S. 20-35.

Schlögel, Karl (2011): *Im Raume lesen wir die Zeit. Über Zivilisationsgeschichte und Geopolitik*. Frankfurt am Main: Fischer.

Schmidt, Patrick (2004): »Zwischen Medien und Topoi: Die Lieux de memoire und die Medialität des kulturellen Gedächtnisses«. In: Astrid Erll, Ansgar Nünning (Hg.): *Medien des kollektiven Gedächtnisses. Konstruktivität – Historizität – Kulturspezifität*. Berlin/New York: Walter de Gruyter, S. 3-24.

Schröter, Jens (1998): »Intermedialität. Facetten und Probleme eines aktuellen medienwissenschaftlichen Begriffs«. In: *Montage AV* 7,2, S. 129-154.

Simmel, Georg (1913): »Philosophie der Landschaft«. In: Ders.: *Aufsätze und Abhandlungen 1909-1918*, Bd. I. (Gesamtausgabe, Bd. 12). Frankfurt am Main: Suhrkamp, S. 471-482.

Ruchartz, Jens (2004): »Fotografische Gedächtnisse. Ein Panorama medienwissenschaftlicher Fragestellungen«. In: Astrid Erll, Ansgar Nünning (Hg.): *Medien des kollektiven Gedächtnisses. Konstruktivität – Historizität – Kulturspezifität*. Berlin/New York: Walter de Gruyter, S. 83-108.

Tröhler, Margrit (2011): »Mediale Ordnungen der Gleichzeitigkeit. Der Realismus der filmischen Objekte«. In: Sabine Schneider, Heinz Brüggemann (Hg.): *Gleichzeitigkeit des Ungleichzeitigen. Formen und Funktionen von Pluralität in der ästhetischen Moderne*. München: Wilhelm Fink Verlag, S. 311-330.

Zierold, Martin (2006): *Gesellschaftliche Erinnerung. Eine medienkulturwissenschaftliche Perspektive*. Berlin/New York: Walter de Gruyter.

Internetquellen

Simon-Wiesenthal-Zentrum (2013): *Operation Last Chance.*
URL: http://www.operationlastchance.org.

Hengst, Björn (2015): *München lehnt Stolpersteine ab.*
URL: http://www.spiegel.de/panorama/muenchen-verbietet-stolpersteine-a-1045854.html.

Kürbel, Christoph (2017): *Montiert für die Erinnerung.*
URL: http://www.taz.de/!5376252/.

Lars Penning (2014): *Volker Koepp im Interview.*
URL: https://www.tip-berlin.de/volker-koepp-im-interview/.

FILM- UND MEDIENWISSENSCHAFT

Herausgegeben von Irmbert Schenk und Hans Jürgen Wulff

ISSN 1866-3397

1 Oliver Schmidt
   Leben in gestörten Welten
   Der filmische Raum in David Lynchs *Eraserhead, Blue Velvet, Lost Highway* und *Inland Empire*
   ISBN 978-3-89821-806-1

2 Indra Runge
   Zeit im Rückwärtsschritt
   Über das Stilmittel der chronologischen Inversion in *Memento, Irréversible* und *5 x 2*
   ISBN 978-3-89821-840-5

3 Alina Singer
   Wer bin ich? Personale Identität im Film
   Eine philosophische Betrachtung von *Face/Off, Memento* und *Fight Club*
   ISBN 978-3-89821-866-5

4 Florian Scheibe
   Die Filme von Jean Vigo
   Sphären des Spiels und des Spielerischen
   ISBN 978-3-89821-916-7

5 Anna Praßler
   Narration im neueren Hollywoodfilm
   Die Entwürfe des Körperlichen, Räumlichen und Zeitlichen in *Magnolia, 21 Grams* und *Solaris*
   ISBN 978-3-89821-943-3

6 Evelyn Echle
   Danse Macabre im Kino
   Die Figur des personifizierten Todes als filmische Allegorie
   ISBN 978-3-89821-939-6

7 Miriam Grossmann
   Soziale Figurationen und Selbstentwürfe
   Schauspieler und Figureninszenierung in Eric Rohmers *Pauline am Strand, Vollmondnächte* und *Das grüne Leuchten*
   ISBN 978-3-89821-944-0

8 Peter Klimczak
   40 Jahre ‚Planet der Affen'
   Zeitgeist- und Reihenkompatibilität – über Erfolg und Misserfolg von Adaptionen
   ISBN 978-3-89821-977-8

9 Ingo Lehmann
   Ziellose Bewegungen und mediale Selbstauflösung
   Das absurde «Genrefilm-Theater» Monte Hellmans
   ISBN 978-3-89821-917-4

10 *Gerd Naumann*
Der Filmkomponist Peter Thomas
Von Edgar Wallace und Jerry Cotton zur Raumpatrouille Orion
ISBN 978-3-8382-0003-3

11 *Anja-Magali Bitter*
Die Inszenierung des Realen
Entwicklung und Perzeption des neueren französischen Dokumentarfilms
ISBN 978-3-8382-0066-8

12 *Martin Hennig*
Warum die Welt Superman nicht braucht
Die Konzeption des Superhelden und ihre Funktion für den Gesellschaftsentwurf in US-amerikanischen Filmproduktionen
ISBN 978-3-8382-0046-0

13 *Esther Lulaj*
Nimm (nicht) ab!
Zur Funktion des Telefons im Spielfilm – Von Metropolis bis Matrix
ISBN 978-3-8382-0125-2

14 *Boris Rozanski*
Das ungleiche Liebespaar in der 'Screwball Comedy'
Paarbildung und Selbstfindung von Frank Capras *It Happened One Night* bis zu Jonathan Demmes *Something Wild*
ISBN 978-3-8382-0145-0

15 *Carolin Lano*
Die Inszenierung des Verdachts
Überlegungen zu den Funktionen von TV-mockumentaries
ISBN 978-3-8382-0214-3

16 *Christine Piepiorka*
LOST in Narration
Narrativ komplexe Serienformate in einem transmedialen Umfeld
ISBN 978-3-8382-0181-8

17 *Daniela Olek*
LOST und die Zukunft des Fernsehens
Die Veränderung des seriellen Erzählens im Zeitalter von *Media Convergence*
ISBN 978-3-8382-0174-0

18 *Eleonóra Szemerey*
Die Botschaft der grauen Wand
Über die Vermittlung von Hoffnung und Hoffnungslosigkeit in Aki Kaurismäkis Verlierer-Filmen
ISBN 978-3-8382-0222-8

19 *Florian Plumeyer*
Sadismus und Ästhetisierung
Folter als kultureller und filmischer Exzess im Gegenwartskino
ISBN 978-3-8382-0188-7

20 *Jonas Wegerer*
Der nahe Fremde: Der amerikanische Western in den Kinos der Bundesrepublik Deutschland (1948-1960)
Eine rezeptionshistorische Analyse
ISBN 978-3-8382-0307-2

21 *Peter Podrez*
Der Sinn im Untergang
Filmische Apokalypsen als Krisentexte im atomaren und ökologischen Diskurs
ISBN 978-3-8382-0254-9

22 *Yvonne Augustin*
Episodisches Erzählen im Film
Alejandro González Iñárritus Filmtrilogie AMORES PERROS, 21 GRAMS und BABEL
ISBN 978-3-8382-0335-5

23 *Julia Steimle*
Fiktive Realität – reale Fiktion
Realitätsebenen und ihre Integration im Hollywood-Backstage-Musical, untersucht anhand von THE BROADWAY MELODY, GOLD DIGGERS OF 1933, THE BAND WAGON, ALL THAT JAZZ und MOULIN ROUGE!
ISBN 978-3-8382-0319-5

24 *Jana Heberlein*
Die *Neue Berliner Schule*
Zwischen Verflachung und Tiefe: Ein ästhetisches Spannungsfeld in den Filmen von Angela Schanelec
ISBN 978-3-8382-0407-9

25 *Karoline Stiefel*
Geistesblitze und Genialität – Bilder aus dem Gehirn des Detektivs
Die Visualisierung von Imagination in den TV-Serien SHERLOCK und HOUSE, M.D.
ISBN 978-3-8382-0522-9

26 *Stephanie Boniberger*
Musical in Serie
Von Buffy bis Grey's Anatomy: Über das reflexive Potential der special episodes amerikanischer TV-Serien
ISBN 978-3-8382-0492-5

27 *Phillip Dreher*
Morin und der Film als Spiegel
Eine theoriegeschichtliche Verortung der Filmtheorie von Edgar Morin
ISBN 978-3-8382-0486-4

28 *Marlies Klamt*
Das Spiel mit den Möglichkeiten
Variantenfilme – Zwischen Multiperspektivität und Chaostheorie
ISBN 978-3-8382-0811-4

29 *Ralf A. Linder*
Zwischen Propaganda und Anti-Kriegsbotschaft:
Die Darstellung des Krieges im US-amerikanischen Spielfilm als Indikator gesellschaftlichen Wandels
ISBN 978-3-8382-0750-6

30 *Jana Zündel*
An den Drehschrauben filmischer Spannung
Zeit und Raum bei Alfred Hitchcock.
Verzögerungen und Deadlines, klaustrophobische und expansive Räume
ISBN 978-3-8382-0940-1

31 *Seraina Winzeler*
   Filme zwischen Spur und Ereignis
   Erinnerung, Geschichte und ihre Sichtbarmachung im Found-Footage-Film
   ISBN 978-3-8382-0414-7

32 *Tobias Dietrich*
   Filme für den Eimer
   Das Experimentalkino von Klaus Telscher
   ISBN 978-3-8382-1094-0

33 *Silvana Mariani*
   O Canto do Mar: Die Ästhetisierung von Realität?
   Reflexionen über den Realismus bei Alberto Cavalcanti
   ISBN 978-3-8382-1100-8

34 *Marius Kuhn*
   Im weiten Feld der Zeit: Die filmischen Transformationen des Romans *Effi Briest*
   ISBN 978-3-8382-1141-1

35 *Noemi Daugaard*
   Grauenvolle Atmosphären: Tondesign und Farbgestaltung als affektive und subjektivierende Stilmittel in THE SILENCE OF THE LAMBS
   ISBN 978-3-8382-1190-9

36 *Selina Hangartner*
   Wild at Heart and Weird on Top: Spielformen der Ironie im Film
   ISBN 978-3-8382-1214-2

37 *Alexander Schmidt*
   Kino der Ekstase
   Formen der Selbstüberschreitung in den Filmen Andrzej Żuławskis
   ISBN 978-3-8382-0313-3

38 *Anna Weber*
   Aufruf zur Solidarität
   Die visuelle und stimmliche Präsenz von Ernst Busch und seine proletarische Imago im linken Filmschaffen der Weimarer Republik
   ISBN 978-3-8382-1121-3

39 *Marian Petraitis*
   Alle Geschichte hat einen Ort
   Modelle filmischen Erinnerns am Beispiel der Filme Volker Koepps
   ISBN 978-3-8382-1142-8

ibidem.eu

www.ingramcontent.com/pod-product-compliance
Lightning Source LLC
Chambersburg PA
CBHW051814230426
43672CB00012B/2732